교회를 세워주는 공과설교

믿음있는 구역, 믿음있는 교회 52주

황규식 목사

문서사역
|종|려|가|지|

머리말

태양을 만드신 하나님께 복을 구해야

강릉의 정동진, 포항의 간절곶, 여수의 향일암 등에 정말 많은 사람들이 몰려서 밝아오는 새해 첫 아침을 맞이하려고 혹한 추위 속에서 발을 동동 구르며 뜬눈으로 밤을 샌다. 그리고 저마다의 간절한 마음의 소원을 새해 첫 번째 뜨는 태양에게 빌기 시작한다.

이렇게 빌 수밖에 없는 게 만물의 영장이라 자칭하는 인간의 모습이다. 빌지 않고서는 불안해서 살 수 없는 게 인간인가 보다. 그런데 그들이 비는 모든 내용을 한데 모아 한 글자로 표현하면 복(福)이다. 복을 받고 싶어서 그렇게 첫 태양에게 비는 것이다. 그들도 복은 자신의 노력만으로는 안 되는 걸 알기에 그 추위 속에서 오돌 오돌 떨면서 새해의 첫 태양을 향해 빈다.

맞다. 복은 받는 것으로서 누군가가 줌으로 내게 이뤄지기에 모두 복을 받으려고 한다. 만일, 인간이 복을 만들어 가질 수만 있다면 누구나 밤을 새워서라도 자신의 복을 만들어 가지려고 할 것이다. 언젠가 불교의 유명했던 고(故) 성철 스님이 불자들에게 이런 말을 한 적이 있었다. '저 달을 보라' 고 손가락으로 가리키니 사람들은 달을 보지 않고 가리키는 손가락을 바라본다는 것이었다.

사람들은 태양을 바라보며 복을 비는데, 사실은 그 태양을 만드신 하나님을 바라봐야 된다. 하나님은 천지만물을 만드시면서 넷째 날에 큰 광명(태양)과 작은 광명(달)을 만들어서 주야와 징조와 사시와 일자와 연한을 이루게 하셔서 인간으로 하여금 세월 속에 살게 하셨다.(창 1:14-19) 그리고 여섯째 날, 마지막으로 사람을 남자와 여자로 하나님의 형상과 모양대로 만드시며 그들에게 제일 먼저 주신 게 복으로서 생육하고 번성하여 땅에 충만하고 땅을 정복하고 바다의 고기와 공중의 새와 땅에 움직이는 모든 생물을 다스리는 물질의 복을 주셨다.(창 1:26-28)

자, 그렇다면 사람에게 복을 주시는 분이 바로 하나님이시니 지금, 그 혹독한 추위 속에 많은 사람들이 복을 구하는 그 태양은 하나님의 피조물로서 사람에게 복을 줄 수 없는 게 아니겠는가. 태양에게 복을 구할 것이 아니라 태양을 만드신 하나님께 복을 구해야 되지 않겠는가!

2017. 8. 1

수지산성교회
목사 황규식

차 례

3학기

4학기

1 학기

1과 ● 하나님 안에서 시작하라
2과 ● 믿음으로 새해를 바라보라
3과 ● 오직 여호와만 섬기기로 결단하라
4과 ● 진정한 직분자 갈렙
5과 ● 바알이냐, 하나님이냐?
6과 ● 아브라함을 향한 하나님의 축복
7과 ● 인내를 온전히 이루라
8과 ● 하나님은 준비된 자를 사용하신다
9과 ● 영적 히브리인이 되라
10과 ● 죄악의 강을 건너라
11과 ● 은혜의 강을 건너라
12과 ● 믿음의 강을 건너라
13과 ● 생명수 강을 건너라

1과. 하나님 안에서 시작하라

찬송_ 219장(새 540장), 248장(새 550장)
본문_ 히 12:1-2

"이러므로 우리에게 구름 같이 둘러싼 허다한 증인들이 있으니 모든 무거운 것과 얽매이기 쉬운 죄를 벗어 버리고 인내로써 우리 앞에 당한 경주를 하며." (히 12:1)

새해가 시작되었습니다. 새해에 처음 떠오르는 해를 보려고 일출 명소에서 많은 사람들이 추위를 무릅쓰고, 일출을 맞이하는 모습이 TV등 각종 매스컴에 보도가 되었습니다. 그들은 그 태양을 바라보면서 새해의 소원을 간절히 빌어보지만, 사실은 그 해가 그들에게 복도 줄 수도 없고, 마음의 소원을 들어줄 능력도 없는 단순한 물체에 불과합니다.

불가의 고승이었던 성철이라는 스님의 법어 중에, '사람이 손가락으로 저 달을 봐라!' 하면 사람들이 달을 봐야 하는데 달을 가리키는 손가락을 보고 있다고 하였습니다.

맞습니다. 해를 보고 마음의 소원을 빌 것이 아니고, 그 태양을 만드신 하나님을 향해 소원을 빌어야 하나님께서 그 소원을 들으시고 합당 여부를 따라 들어 주십니다. 그러므로 오직 천지만물을 주관하시고, 큰 광명으로 낮을 주관케 하시고, 작은 광명으로 밤을 주관케 하신(창 1:18) 하나님만을 믿고 의지하는 자세로 새해를 살아가야 합니다.

1. 하나님만이 세월의 주관자

창 1:14에, "하나님이 가라사대 하늘의 궁창에 광명이 있어 주야를 나뉘게 하라, 또 그 광명으로 하여 징조와 사시와 일자와 연한이 이루라." 고 하시며 하나님께서 연월일시를 만드셨음을 분명히 말씀하셨습니다. 그러므로 금년을 살도록 해주신 분이 하나님이시라, 하나님께 감사하며 어떻게 하면 세월의 주인이신 하나님을 기쁘시게 해 드릴 것인가를 생각해야 합니다.

이 세월은 우리를 위해서만 주신 것이 결코 아닙니다. 이 세월에서 하나님께서 기뻐하시는 하나님의 일, 즉 영혼의 구원과 선교, 구제, 섬김 등과 같은 하나님의 일을 하도록 기회를 주셨으니 이런 목표를 세우고 금년을 시작하는 우리에게 잘 살 수 있도록 은혜를 베풀어주십니다.

2. 하나님만이 믿음의 주님

이 세상은 불완전한 곳으로서 죄악과 가난과 질병 등과 같은 고통으로 가득 찬 곳입니다. 더구나 불확실한 장래와 경제 불안, 사건사고 등으로 언제 우리에게 그런 일이 불청객으로 찾아올지 모르는 불안한 곳입니다.

이런 세상 속에서 새해를 시작하는 우리들은 우리를 지켜주시고, 보호해주시고, 복 주시는 하나님만을 온전히 믿고 의지하며 새해를 살아가야 합니다. 하나님만이 전지전능하시고, 무소부재하신 분으로서 우리가 언제, 어디에서, 무엇을 하든지 불꽃같은 눈으로 보호해 주시기 때문입니다.

3. 하나님만이 온전케 하시는 주님

이 세상에서는 온전한 것도 없고, 따라서 온전케 하는 존재도 없습니다. 그러나 하나님은 온전하시고 완전하신 분으로서 우리의 부족한 모든 것을 온전하게 회복시켜 주시는 유일하신 주님이십니다. 예수님께서는 마 11:28에, "수고하고 무거운 짐 진 자들아 다 내게로 오라 내가 너희를 쉬게 하리라."고 하시며 부족한 모든 자들의 멍에를 대신 져 주시겠다고 하셨습니다.

이 세상에, 누가 우리의 수고하고 무거운 짐을 대신 져 주겠습니까? 그러므로 올 한 해를 살아갈 우리들은 오직 예수님만이 온전케 하시는 분이심을 믿고 하나님만을 의지하는 믿음으로 살아야 합니다.

| 결론 |

새해에는 더욱 예수님만을 믿고, 의지하며 살아야 합니다. 시 73:28에서, "하나님을 가까이 함이 내게 복이라."고 하신 것처럼, 누가 더 하나님을 사랑하고 가까이 하느냐에 따라 올 한 해의 삶이 결정됩니다. 그러니 새해를 시작하는 모든 성도들께서는 세월의 주관자이신 하나님만을 더욱 의지하고 믿으셔야 합니다. 그리하여 올 한 해도 온전케 하시는 주 예수 그리스도 안에서 승리하시기를 축원합니다.

| 공동기도 |

1. 올해 시작을 오직 더욱 하나님만을 의지하게 해달라고 기도하자,

2. 올 한 해를 주인이신 하나님을 위하여 살게 해달라고 기도하자.

3. 하나님만을 가까이 하여 온전한 삶을 살게 해달라고 기도하자.

2과. 믿음으로 새해를 바라보라

찬송_ 434장(새 384장). 446장(새 391장)
본문_ 히 11:6-10

"믿음이 없이는 하나님을 기쁘시게 하지 못하나니 하나님께 나아가는 자는 반드시 그가 계신 것과 또한 그가 자기를 찾는 자들에게 상 주시는 이심을 믿어야 할지니라."(히 11:6)

하나님은 믿음의 주님으로서 오직 믿음으로만 하나님께 나아갈 수 있습니다. 하나님은 영이시기에 우리의 육안으로 뵐 수도 없고 만질 수도 없지만, 하나님은 분명 실존하시는 분으로서 당신의 실존을 말씀을 통해 이 세상에 알리셨습니다.

하나님의 말씀은 순종을 요구하는 법과 명령으로서 하나님의 실존을 하나님의 말씀으로 믿는 사람들은 눈으로 하나님을 뵙지 못해도 그 말씀에 순종해 믿음의 사람이 됩니다. 우리는 믿음의 선배들의 믿음의 모습을 보면서 새해를 바라보며 살아가야 하나님 앞에 믿음의 사람으로 인정되고, 또한 하나님께서 주시는 상 받는 자가 되는 것이니 다음과 같이 믿음으로 살아갑시다.

1. 하나님의 말씀이 곧 하나님이심을 믿어야

하나님께서 하시는 모든 말씀이 곧 하나님이심을 믿고 하나님께서 내게 무슨 말씀을 하시든지 순종하리라 하는 믿음으로 살아야 합니다.
노아는 장차 홍수로 세상을 심판하실 것을 말씀하시며 방주를 지으라고 하시는 하나님의 말씀을 듣고, 즉시 순종을 하여 결국 그 말씀을 경험하고 방주 안에서 그의 가족의 구원을 경험하게 되었습니다.
아브라함은 "75세에 본토 친척 아비 집을 떠나 내가 네게 지시하는 곳으로 가라!"고 하신 하나님의 말씀에 순종하여 갈 바를 알지 못하였지만 즉시 순종하여 결국 복의 근원, 믿음의 조상이 되었습니다.
성경에 이들이 하나님의 말씀을 처음 받을 때의 심경을 기록 안했지만, 유추해 볼 때, 이들도 이성이 있는 사람들인데 어찌 의심이나 의문이 생기지 않았겠습니까? '정말 그렇게 될까?' -아마도 충분히 이런 생각이 들었으리라 생각이 됩니다. 하지만 이들은 자신의 이성 · 판단보다 하나님의 말씀, 바로 전지전능하신 하나님이심을 믿었기에 즉각 순종하여 믿음으로 하나님을 기쁘시게 해 드린 것입니다.

2. 하나님은 상 주시는 하나님이심을 믿어야

하나님은 상 주시는 분으로서 복도 주시고, 구원도 주시고, 은혜도 베풀어 주십니다. 하나님은 우리에게 절대로 나쁜 것을 주시는 분이 아닙니다. 오죽하면 마 7:7-11에, 구하라, 찾으라, 두드리라 하시며 우리가 혹시 안 구할까 봐 '너희 중에 누가 아들이 떡을 달라 하면 돌을 주며, 생선을 달라 하면 뱀을 줄 사람이 있겠느냐, 너희가 악한 자라도 좋은 것으로 자식에게 좋은 걸 줄 줄 알거든 하물며 하늘에 계신 너희 아버지께서 구하는 자에게 좋은 것으로 주시기 않겠느냐?' 라고 하시며 이렇게까지 안타까운 맘으로 말씀하시겠습니까?
하나님은 예수 믿는 자들의 아버지시고, 말씀을 믿고 순종하는 자녀들에게 얼마든지 좋은 것으로 상 주시는 분임을 믿고 하나님께 절대 순종하며 나아가야 합니다.

3. 범사에 믿음으로 바라보아야

믿음이 눈에 보이지 않는다고 해서 실체가 없는 것이 절대 아닙니다. 이것을 수많은 믿음의 선배들이 믿음의 실체를 경험했기에 "믿음은 바라는 것들의 실상이요 보지 못하는 것들의 증거"라고 말씀하시지 않았겠습니까?
그러므로 우리도 하나님의 말씀을 들을 때 믿음으로 그 실상을 바라보고 기쁨으로 하나님께 나아가 역시 하나님을 기쁘시게 해 드리는 성도가 되어야 합니다.

| 결론 |

우리는 새해의 삶을 시작했습니다. 우리에게 주신 올 한해를 반드시 믿음으로 승리해야 합니다. 그래서 우리도 성경에 나오는 믿음의 조상 중에 속한 믿음의 사람이 되어 반드시 하나님을 기쁘시게 해 드리는 성도가 됩시다. 아멘.

| 공동기도 |

1. 올해 하나님의 말씀에 절대 순종하는 믿음의 사람이 되기 위하여 기도하자.
2. 믿음과 순종으로 하나님을 기쁘시게 해 드리는 성도가 되기 위하여 기도하자.
3. 하나님께서 주시는 상으로 승리하는 성도가 되기 위하여 기도하자.

3과. 오직 여호와만 섬기기로 결단하라

찬송_ 344장(새 545장), 382장(새 347장)
본문_ 수 24:14-18

"그러므로 이제는 여호와를 경외하며 온전함과 진실함으로 그를 섬기라 너희의 조상들이 강 저쪽과 애굽에서 섬기던 신들을 치워 버리고 여호와만 섬기라."(수 24:14)

유언은 죽기 전에 마지막으로 남은 자들을 위한 말로서 그들이 정말 잘 되기를 원하는 마음으로 진실하게 남기는 말입니다. 그러므로 이 말을 듣는 사람들은 이 말의 중요성과 비중을 깨닫고 반드시 순복하려는 결심을 해야 합니다.

여호수아는 이스라엘 백성을 가나안 땅으로 인도하여 그 땅을 정복한 후에, 백십 세의 일기로 세상을 떠나면서 "이제는 여호와를 경외하며 성실과 진정으로 그를 섬길 것이라. 너희의 열조가 강 저편과 애굽에서 섬기던 신들을 제하여 버리고 여호와만 섬겨라." 하고 먼저 강조하였습니다.

이어서, "그러나 만일 여호와를 섬기는 것이 너희에게 좋지 않게 보이거든 너희 열조가 강 저편에서 섬기던 신이든지 혹 너희의 거하는 땅 아모리 사람의 신이든지 너희 섬길 자를 오늘날 택하라 그러나 나와 내 집은 오직 여호와를 섬기겠노라" 며 그 증거로 이 말을 율법 책에 기록하고 그 증표로 큰 돌을 취하여 여호와의 성소 곁의 상수리나무 아래 세우고 자신은 세상을 떠나게 됩니다.

신명기에서도 모세는 유언과 같은 말씀을 가나안 땅에 들어가게 될 이스라엘 백성에게 강조하였는데 다른 우상을 섬기지 말고, 오직 하나님만 섬기라는 부탁이었습니다. 우리도 새해 첫 달을 맞이하여 모든 우상을 버리고 오직 하나님만 섬기기 위해서 결심을 해야 합니다.

1. 나와 우리 가족은 오직 하나님만 섬기기로 결심을

우리 가정에, 믿지 않는 식구가 있다면 이들의 구원을 위한 목적과 계획을 세우고 믿는 가족이 합력하여 기도하며 하나님을 의지해야 합니다. 온 가족이 영적으로 하나가 되어야 하나님 안에서 온전한 가정이 되고, 신앙으로 인한 갈등이 해소되며, 평안을 유지하게 됩니다.

2. 온 가족이 십계명 중 1-4 계명을 우선하여 지키기로 결심을

과거의 불신 시절에 지냈던 풍습 같은 것을 하지 말아야 하며, 어떤 우상도 만들지 말고 제사 같은 것을 지내지 말며 오직 하나님만 의지하고 섬기는 가족이 되어야 합니다. 하나님께서는 우상을 너무너무 싫어하시기에 우상을 섬기는 자는 3-4대까지 그 죄를 갚는다고 말씀을 하셨기에 우리는 그런 것들을 반드시 제하기로 결심을 해야 합니다.

3. 온 가족이 십계명 중 5-10번째의 계명도 지키기로 결심을

부모님을 공경하기 위하여 노력해야 하며 사람 사이에 악한 일을 하지 않도록 최선의 노력을 해야 합니다. 그리고 더 나아가 선한 행실과 구제와 나눔과 봉사의 삶을 실천하여 그리스도인으로서의 모범을 보이고, 특히 전도의 실천과 어려워도 교회의 선교사역에 동참하여 하나님께 기쁨을 드리는 가정이 되도록 노력해야 합니다.

| 결론 |

나를 구원해주신 하나님께서는 나로 인하여 나와 연결된 가족과 이웃을 구원하는 선교사로서 사용하기 위하여 은혜를 베풀어 주셨다는 것을 알아야 하며 우선 나와, 그리고 함께 믿은 가족이 오직 하나님만 섬기기로 결심을 해야 하나님께서 축복해주십니다.

새해 첫 달을 맞이한 지금, 이렇게 하기 위해서 온 가족이 결심을 하고 선언하는 것이 정말 중요합니다. 하나님께서는 이렇게 살기로 결심하고 노력하는 여러분의 가정 속에 크신 은혜를 베풀어주실 것을 믿고 축복된 믿음의 가문을 이루는 여러분이 되시기를 주 예수의 이름으로 축원합니다. 할렐루야!

| 공동기도 |

1. 아직 믿지 않는 가족이 있다면 올해 그 가족을 꼭 구원해 달라고 간절히 기도하며, 구원하기 위한 지혜와 열정을 달라고 기도하자.

2. 올 한 해, 십계명을 철저히 지키게 해 달라고 기도하자.

3. 적극적인 선한 행실로 하나님께 영광 돌리는 가정이 되게 해 달라고 기도하자.

4과. 진정한 직분자 갈렙

찬송_ 355장(새 323장), 544장(새 492장)
본문_ 민 14:6-15

"여호와께서 우리를 기뻐하시면 우리를 그 땅으로 인도하여 들이시고 그 땅을 우리에게 주시리라 이는 과연 젖과 꿀이 흐르는 땅이니라."(민 14:8)

하나님은 신실한 믿음의 사람을 찾아서 하나님의 뜻을 이루어 나가십니다. 그런 사람 중의 하나가 여분네의 아들 갈렙으로서 우리는 이런 믿음으로 청지기적 사명을 감당하는 성도가 되어야겠습니다. 갈렙은 가나안 땅을 정탐하는 열두지파 족장 중의 한 사람으로서 여호수아와 함께 믿음으로 정탐 결과를 보고했었습니다.
가나안을 정복하면서 다른 지파들은 땅도 비옥하고 농사도 지을 수 있고 또한 비교적 정복하기 쉬운 땅을 선정하여 기업으로 삼지만, 갈렙은 끝까지 기다리다가 드디어 자신을 드러내는데 그 땅은 바로 헤브론 산지였습니다. 헤브론 산지는 가나안 족속 중 가장 큰 아낙 자손이 살고 있어서 좀처럼 정복하기 어려운 땅이었습니다. 여호수아의 이런 고민을 아는 갈렙이 드디어 자신을 드러내면서 " 그 산지를 내게 주소서" 라고 하여 결국 그 땅을 기업으로 물려받으며 여호수아를 돕는 훌륭한 동역자가 됩니다.
우리는 이런 신실한 믿음의 사람이 되기 위하여 갈렙의 믿음을 보고 배워야 합니다.

1. 하나님의 약속을 철저히 믿는 사람

하나님께서 주신다고 약속하셨습니다. 헤브론 산지에 사는 사람이 아낙자손으로 크고 견장할지라도 하나님께서 네 발로 밟은 땅을 주시겠다고 약속하셨기에 그 땅은 반드시 정복할 수 있다고 고백하였습니다.
이와 같이 우리도 하나님의 약속을 철저히 신뢰하는 믿음의 사람이 되어야 합니다. 절대로 환경이나 조건을 먼저 보지 말고, 하나님의 약속을 신뢰하며, 강하고 담대하게 나아가야 합니다.

2. 철저하게 하나님께 겸손한 사람

사실, 갈렙은 족장이었지만, 철저히 자신을 낮춰서 여호수아를 돕는 조력자로서 살아갔습니다. 그러다가 여호수아가 가장 힘들고 고민할 때에야 비로소 자기 자신을 드러내며 그 산지를 내가 정복하겠다고 고백합니다. 그는 끝까지 여호수아를 위해서 자신을 낮추다가, 여호수아가 가장 힘들어 할 때, 그 짐을 대신 짊어지려는 조력자로 여호수아를 돕게 됩니다.
우리도 갈렙처럼 겸손한 사람이 되어 남들이 잘하지 않으려고 하는 직분을 자원해서 감당해야 하며 목회자의 내적 고통을 헤아려서 힘든 부분을 감당하는 성도가 되어야 합니다.

3. 담대한 믿음의 사람

그는 85세의 나이였지만 과거 가나안 땅을 정탐했던 40세 때보다 오히려 지금이 더욱 강건하여, 자신의 힘이 그때나 지금이나 똑같고, 싸움에나 출입에 자신 있음을 선언하는 담대함이 있었습니다.
우리는 어떤 직분이든지 감당하게 될 때, 하나님께서 내게 감당할 힘과 능력을 주셨음을 입술로 시인하며 믿음으로 선포해야 합니다. "하나님이 함께 하시면 내 나이나 환경에 관계없이 필경 여호와의 말씀대로 그들을 쫓아 내리이다." 라고 하는 담대함으로 나아갈 때 원수는 물러가고 아무리 어려운 직분이라도 잘 감당하게 됩니다.

| 결론 |

하나님의 일을 하는 직분에는 호불호가 있을 수 없고, 높고 낮음이 있을 수 없습니다. 다만 하나님의 일을 원할히 이루기 위하여 질서만 있을 뿐입니다. 그러므로 성도는 교회에서 어떤 직분을 받든지 이 직분은 하나님께서 내게 맡겨주신 것임을 믿고 최선을 다해서 그 직분을 감당해야 합니다.

철저하게 하나님의 약속을 믿고 겸손한 자세로 담대하게 나아갈 때에 하나님께서 기뻐하시고, 그에 따른 상과 축복을 주심을 믿고, 진정한 직분자가 되시기를 축원합니다.

| 공동기도 |

1. 늘 하나님의 약속을 철저히 믿고 순종하는 성도가 되자.

2. 직분의 귀함을 믿고, 겸손하게 이름도 없이 빛도 없이 감당하자.

3. 직분을 맡았을 때 강하고 담대하게 선포하며 감당하자.

5과. 바알이냐, 하나님이냐?

찬송_ 463장(새 400장), 455장(새 370장)
본문_ 왕상 18:16-24

"엘리야가 모든 백성에게 가까이 나아가 이르되 너희가 어느 때까지 둘 사이에서 머뭇머뭇 하려느냐 여호와가 만일 하나님이면 그를 따르고 바알이 만일 하나님이면 그를 따를지니라 하니 백성이 말 한마디도 대답하지 아니하는지라."(왕상 18:21)

북이스라엘의 왕 아합이 시돈 왕의 딸인 이세벨을 왕비로 삼고 바알 신을 섬기며 여호와의 선지자들을 잡아 죽이는 죄악을 저지를 때, 선지자 엘리야가 아합에게 영적 전쟁을 선포합니다. 바알 선지자 450 명과 아세라 선지자 400 명을 갈멜산에 모이게 하고 어느 신이 진짜 하나님인가를 밝히는 싸움을 하게 됩니다.

엘리야는 백성들을 모아 놓고, "너희가 어느 때까지 두 사이에서 머뭇머뭇하려느냐 여호와가 만일 하나님이면 그를 좇고 바알이 만일 하나님이면 그를 좇으라"며 결단을 요구합니다. 이것은 목숨을 건 영적 전쟁으로서 거짓 신을 섬기는 선지자는 죽임을 당하게 되는 끝장 전쟁이었습니다.

하나님께서 불을 내려 단을 태워 주심으로써 여호와가 진짜 하나님이심을 입증시켜주셨습니다. 그 후에, 바알과 아세라 선지자들을 모두 죽여 버립니다. 이 영적 전쟁에서, 우리는 신앙생활 속에서 과감히 하나님만을 선택하여 우상의 가증한 것들을 물리치고 영적 가문을 이루도록 결단해야 합니다.

1. 민족 고유의 귀신문화인 제사를 끊는 과감한 결단을 해야

고전 10:20-21에, "대저 이방인의 제사하는 것은 귀신에게 하는 것이요 하나님께 하는 것이 아니니 나는 너희가 귀신과 교제하는 자 되기를 원하지 아니하노라 너희가 주의 잔과 귀신의 잔을 겸하여 마시지 못하고 주의 상과 귀신의 상에 겸하여 참예치 못하리라."고 강력히 말씀하셨습니다.

우리 민족의 고유명절에 죽은 조상들에게 제사 지내는 풍속은 마귀에게 종 노릇 하던 때의 풍속이었습니다. 예수를 믿고 구원받은 하나님의 자녀들은 훼방과 핍박이 있겠지만 절대로 주저하거나 두려워하지 말고, 과감히 제사중단을 선포하며 나아가야 합니다.

예수님께서도 "네가 죽고자 하면 살 것이요 살고자 하면 죽을 것이라"고 말씀하신 것처럼, 오직 하나님만을 섬기기 위하여 결심을 하고 제사를 드릴 수 없다고 선포를 하면 죽을 것 같아도 반드시 사는 역사가 나타나게 되어 있고, 결국 이 일로 인해 우리가 속한 집안의 제사 풍속이 사라지게 되고 온 가족을 구원하게 됩니다.

이 일은 절대로 타협하거나 피한다고 되는 게 아닙니다. 과감히 제사중단을 선포하고 정면으로 선전포고를 할 때, 하나님께서 기뻐하셔서 제사를 끊도록 역사해주십니다.

2. 민족 고유의 명절이라도 주일성수와 예배 우선으로 승리해야

명절 주간에 혹 어떤 이들은 주일성수와 예배를 드리지 않고, 그저 명절만 지키려고 하는 사람들이 있는데, 절대로 이런 죄를 범하면 안 됩니다. 주일성수와 예배는 자신이 섬기는 교회에서 지켜야 하지만 불가피하게 부모님과 친척 형제를 만나기 위하여 고향을 찾았다면 그 고향교회에 가서 반드시 예배를 드리며 주일을 지켜야 합니다.
그런 후에, 집안 식구들 중 예수 믿는 가족들과 모여서 예배도 드리고 승리적인 신앙생활과 그동안 받은 은혜를 나누며, 또 기도의 응답받은 것을 서로 간증하며 믿음의 교제를 나누며 주일을 지켜야 합니다.

| 결론 |

예수 믿는 사람들은 그 순간부터 과거에 마귀의 종이었던 신분에서 하나님을 아버지라 부르는 자녀의 신분으로 거듭난 영적 성도가 됩니다. 이제부터는 오직 하나님 한 분만을 섬기며 그 어떤 우상도 남겨두지 말아야 합니다.
하나님의 자녀가 된 성도는 결단을 해야 합니다. 제사냐, 하나님이냐를 놓고 오직 하나만을 선택해야 합니다. 제사를 택하면 끝까지 저주에서 벗어나지 못합니다. 그러나 과감히 하나님을 선택하면 하나님께서 반드시 축복해주실 것입니다.

| 공동기도 |

1. 평생에 제사 같은 것을 드리지 않는 거룩한 영적 가문을 이루도록 기도하자.
2. 명절이라도 주일을 성수하며 예배에 승리자가 되도록 기도하자.
3. 이렇게 할 수 있는 강하고 담대한 믿음을 주시도록 기도하자.

6과. 아브라함을 향한 하나님의 축복

찬송_ 204장(새 288장), 502장(새 445장)
본문_ 히 11:8-12

"믿음으로 아브라함은 부르심을 받았을 때에 순종하여 장래의 유업으로 받을 땅에 나아갈새 갈 바를 알지 못하고 나아갔으며."(히 11:8)

하나님께서는 데라의 아들 아브람을 75세에 부르셔서 본토 친척 아비 집을 떠나 네게 지시하는 땅으로 가라 하시며 그렇게 하면 너로 큰 민족을 이루게 네게 복을 주어 네 이름을 창대케 하여 복의 근원이 되게 하여 주시겠다고 창 12:1-2에 말씀하셨습니다.
하나님께서는 아브라함을 축복하실 때 찾아오시고 부르셔서 축복해 주셨습니다. 복의 근원과 장차 예수 그리스도가 이 땅에 태어날 믿음의 가문의 축복까지 주셨습니다.
우리는 오늘 이 말씀을 통해 어떻게 하면 이렇게 찾아오시고 부르셔서 축복해 주시는 하나님의 은혜를 받는 자가 될 것인가를 깨달아야 하겠습니다.

1. 하나님을 위해서 과거를 과감히 버리는 믿음의 사람

본토 친척 아비 집을 떠나라 하시는 하나님의 명령은 아브라함이 갖고 있는 모든 과거를 깨끗이 청산하라는 뜻이었습니다. 아브라함의 아버지 데라는 우상을 섬기는 사람으로서(수 24:1-2) 저주받은 죄악의 사람이었지만, 그래도 아브라함 입장에서 아버지 데라와 모든 친척을 버리고 떠난다는 것은 쉽게 결정하기 어려운 일이었을 것입니다.
그러나 자신의 입장을 생각해 볼 때, 우상을 섬기는 아버지와 함께 살면서 그 죄로 자손 3-4대까지 죄를 갚는다고 하신 하나님의 저주를 받을 수가 없었습니다. 그래서 과감히 본토 친척 아비 집을 떠나는 결단의 믿음으로, 하나님의 복을 이삭이라는 아들로 받게 된 것입니다. 아브라함은 하나님께서 주시는 축복의 미래를 위하여 과감히 자신의 소중한 육신적인 과거를 포기한 것이었습니다.
오늘날, 우리도 하나님이 찾으시는 축복의 사람이 되려면 죄악 된 모든 과거를 과감히 청산하고, 하나님께서 주시는 미래의 축복을 향해 출발하는 믿음의 사람이 되어야 합니다.

2. 하나님을 위해서 자신의 미래를 버리는 믿음의 사람

100세에 아들 이삭을 선물로 받은 아브라함에게 독자 이삭은 자신의 꿈과 희망과 미래였습니다. 생산의 능력이 끝난 백세에 아들을 얻었으니 이삭을 보는 아브라함의 기쁨이 얼마나 컸겠습니까? 눈에 넣어도 아프지 않고 불면 날아갈까 쥐면 터질까 하여 애지중지했던 귀한 아들이었을 것입니다.
이렇게 해서 어느 정도 장성한 이삭은 아브라함에게는 없어서는 안 될 소중한 존재요, 아비의 가업을 모두 물려 줄 미래의 희망이었습니다.
그런데 어느 날, 갑자기 그 귀한 아들을 모리아산에서 번제로 바치라고 명령하시는 그 말을 들은 아브라함의 심정이 어떠했겠습니까? 아마 성경에 그 심정을 기술하지는 않았지만, 너무너무 고민하고 괴롭고 힘들었을 것이라고 생각이 듭니다. 결국 아브라함은 하나님의 명령에 따르기로 결심을 하고 그 아들을 모리아산에서 번제로 바치기 위하여 칼로

내리치는 순간에 하나님의 중단 명령이 내려지고 그의 믿음이 인정을 받게 되며 하나님이 주시는 큰 복을 받게 됩니다.
아브라함이 이삭을 번제로 바치려고 결심한 것은 자신의 미래를 모두 포기한 것이었습니다. 하나님을 경외하기 위하여 자신의 꿈이요 미래요 전부인 독자 이삭을 자신의 손으로 죽여 하나님께 번제로 바치려는 아브라함을 보시고, 하나님께서는 그를 불러서 하늘의 별과 같고 바다의 모래와 같게 번성케 하시고, 또 대적의 문을 열고 장차 이 땅에 오실 예수 그리스도의 길을 예비하는 복을 주셨습니다.

| 결론 |

아브라함은 하나님을 위하여 자신의 소중한 과거와 미래를 과감히 포기하여서, 하나님께서는 그를 믿음의 조상, 복의 근원으로 축복해 주시고 히브리 민족의 조상으로 세워 주셨습니다.
우리도 하나님을 위해서라면 우리의 모든 과거도 버릴 수 있어야 하겠습니다. 나의 소중한 미래의 꿈도 버릴 수 있는 믿음의 사람이 될 때, 진정한 축복의 사람이 될 수 있음을 믿고, 순종하는 여러분이 되시기를 축원합니다.

| 공동기도 |

1. 하나님이 찾으시는 믿음의 조상이 되기 위하여 과거를 과감히 버리는 믿음의 사람이 되기 위해서 기도하자.
2. 하나님이 부르시는 축복의 사람이 되기 위하여 미래도 과감히 포기할 수 있는 믿음의 사람이 되기 위해서 기도하자.

7과. 인내를 온전히 이루라

찬송_ 446장(새 391장), 399장(새 546장)
본문_ 약 1:1-8

"인내를 온전히 이루라 이는 너희로 온전하고 구비하여 조금도 부족함이 없게 하려 함이라."(약 1:4)

하나님께서는 신실한 믿음의 사람들을 축복하실 때 반드시 연단과 시험, 즉 테스트의 과정을 통과하게 하십니다. 한 두 가지 시험과 연단을 하실 때도 있지만 어떤 때는 여러 가지로 시험을 허락하실 때도 있습니다. 그러므로 하나님의 자녀들은 이런 사실을 알고, 잘 통과하여 온전하고 구비하여 조금도 부족함이 없게 하시는 하나님의 축복을 경험해야 합니다.

1. 시험을 받을 때 온전히 기쁘게 여겨야

하나님께서 믿음의 사람을 축복하시기 위하여 시험하실 때는 악으로 시험하지 않으십니다. 어떤 시험을 만나든지 이것은 응답과 복을 받기 위한 과정임을 깨닫고, 마음에 기쁨과 감사함으로 임해야 합니다. 동시에 이 시험 이후에 하나님께서 주실 복과 응답을 믿음으로 바라보면서 더욱 하나님을 가까이 하고, 감사함으로 나아가야 합니다.
"항상 기뻐하라, 쉬지 말고 기도하라, 범사에 감사하라, 이는 주 예수 그리스도 안에서 너희를 향하신 하나님의 뜻이니라"(살전 5:16-18)는 말씀을 묵상하면서 나아가야 합니다. 또한 빌 4:6의 말씀처럼 "아무 것도 염려하지 말고 오직 모든 일을 기도와 간구로 너희 구할 것을 감사함으로 하나님께 아뢰라." 그리하면 모든 지각에 뛰어난 하나님의 평강이 그리스도 예수 안에서 우리의 마음과 생각을 지켜 주십니다.

2. 인내를 온전히 이루어야

하나님은 언약의 중심으로서 반드시 이루어 주심을 믿는 믿음이 절대적으로 필요합니다.
노아도 7-80년간 인내하며 방주를 지어 가족이 구원을 얻었고, 아브라함도 25년을 인내하여 약속의 아들 이삭을 얻게 되었고, 이삭도 40세에 리브가와 결혼했지만 20년 후에 에서와 야곱을 낳기까지 인내했습니다. 야곱도 삼촌 라반의 집에서 자그마치 20년이나 인내했으며 요셉도 17세에 애굽으로 팔려가서 13년 동안 종살이와 감옥살이 후인 30세에 애굽의 총리가 되었으며 그 후 풍년 7년, 흉년 2년 때인 39세에 자신이 꿈꿨던 대로 형들이 와서 자기 앞에 엎드리는 응답을 얻게 됩니다.
이외에도 많은 믿음의 사람들이 오랜 세월을 참고 인내하되, 하나님의 말씀과 꿈을 부여잡고 인내하여 응답을 받았음을 알고 우리도 끝까지 믿음으로 인내하면 승리합니다.

3. 믿음으로 구하고 절대로 의심하지 말아야

하나님께서는 "의심하는 자는 마치 바람에 밀려 요동하는 바다 물결 같으니 이런 사람은 주께 얻기를 생각하지 말라"고 하시며, 두 마음을 품어 정함이 없는 사람이라고 하셨습니다. 믿음의 반대말은 의심으로서, 의심은 응답을 가로막는 마귀의 궤계임을 깨닫고 무슨 일이 있어도 의심하면 안 됩니다.

막 11:24에, "그러므로 내가 너희에게 말하노니 무엇이든지 기도하고 구하는 것은 받은 줄로 믿으라. 그리하면 너희에게 그대로 되리라."고 말씀하셨으니, 우린 절대로 의심하지 말아서 온전하고 구비하여 부족함이 없게 하시는 하나님의 응답을 받아야 합니다.

| 결론 |

하나님께서 복을 주시고, 기도에 응답해주실 때, 우리가 받을 수 있는 그릇인가를 테스트하시므로 응답을 믿음으로 바라보며 온전히 기쁜 마음으로 시험을 이겨야 합니다. 그리고 끝까지 인내하면서 달려가야 합니다. 또한 인내로 승리한 믿음의 선배들을 바라보아야 합니다.

설령, 시험이 힘들고 응답과 복이 더디어도 절대로 의심하지 말고 받은 사람처럼 입술로 시인하여 믿음으로 고백하며 나아가야 합니다. 이런 과정을 통과하면 우리는 반드시 온전하고 구비하여 조금도 부족함이 없는 복을 경험하여 하나님께 영광 돌리는 성도가 됩니다.

| 공동기도 |

1. 시험을 받을 때 온전히 기쁘게 여기게 해 달라고 기도하자.

2. 끝까지 인내에 승리하게 해 달라고 기도하자.

3. 절대로 의심하지 말고 승리하는 성도가 되게 해 달라고 기도하자.

8과. 하나님은 준비된 자를 사용하신다

찬송_ 512장(새 315장), 488장(새 428장)
본문_ 창 22:9-14

"아브라함이 그 땅 이름을 여호와 이레라 하였으므로 오늘날까지 사람들이 이르기를 여호와의 산에서 준비되리라 하더라."(창 22:14).

하나님은 영원 전부터 계획을 세우셨으니 이것을 하나님의 경륜이라고 합니다. 하나님은 미리 준비하사 뜻을 이루어 나가시기에 여호와 이레, 즉 준비하시는 하나님이라고 하셨습니다. 아브라함에게 이삭을 번제로 바치라고 하시고는 그 번제단 뒤 숲속에 숫양을 미리 준비시켜 두셨습니다. 이것은 하나님께서는 이미 아브라함이 이삭을 바칠 것을 미리 아셨다는 증거입니다. 그러므로 이삭 대신에 드려질 숫양을 미리 준비시켜 주셨습니다.
하나님은 아무에게나 축복의 시험을 하시지 않으십니다. 그러므로 우리도 하나님 앞에 준비된 믿음의 사람이 되기 위하여 믿음으로 살아야겠습니다.

1. 절대 신뢰의 믿음으로 오래 참아야

아브라함은 75세에 하나님의 부르심을 받아 본토, 친척, 아비 집을 떠나 살면서 몇 번의 실수도 있었지만, 결코 하나님의 약속을 저버리지 않다가 드디어 100세에 하나님의 은혜로 이삭을 선물로 받았습니다. 아브라함은 이 일로 인해 "하나님은 없는 것을 있는 것 같이 부르시고 죽은 자를 산 자 같이 부르시고 또한 바랄 수 없는 중에 바라는 것을 이루어 주시는 분"이심을 확실히 경험하게 되었는데 그 세월이 자그마치 약 25년이 지난 후였습니다. 자신과 아내 사라가 도저히 아기를 낳을 수 없을 때, 순전히 하나님께서 언약을 이루어 주셨음을 경험하고서 믿음의 사람이 된 것이었습니다.

기독교는 체험신앙으로서 우리의 신앙의 여정 속에 전능하신 하나님의 능력을 체험하고 응답을 받은 경험이 우리의 믿음을 돈독히 함을 알 수 있습니다. 예수님을 믿는 성도들이라면 누구나 한 번 이상은 하나님의 응답을 받아 보았을 텐데, 바로 그런 경험을 꼭 붙들고 하나님을 향한 절대 신뢰의 믿음으로 준비하는 성도가 되어야 합니다.

2. 평소에, 맡은 일에 최선을 다해야

삼상 17장에, 블레셋과 이스라엘의 전쟁이 일어났을 때 적장 골리앗을 대적할 이스라엘 장수가 없었습니다. 그때 형들을 면회 온 소년 다윗이 사울 왕에게 간청하여 골리앗을 대적하겠다고 하자 사울 왕은 불가능하다며 말릴 때, 다윗이 이렇게 말합니다.

"주의 종이 아비의 양을 지킬 때에 사자나 곰이 와서 양떼에서 새끼를 물어 가면 내가 따라가서 그것을 치고 그 입에서 새끼를 건져내었고 그것이 일어나 나를 해하고자 하면 내가 그 수염을 잡고 그것을 쳐 죽였었나이다. 주의 종이 사자와 곰도 쳤은즉 사시는 하나님의 군대를 모욕한 이 할례 없는 블레셋 사람이리이까. 그가 그 짐승의 하나같이 되리이다."

다윗은 양을 지키고, 맹수를 물리칠 때 사용했던 물맷돌 다섯 개를 가지고 나아가 적장 골리앗을 단숨에 물리치게 되었습니다. 다윗은 평소에 맹수를 물리치기 위하여 물맷돌을 정확하게 던지는 훈련으로 준비되었기에 그가 담대하게 전쟁에 나갈 수 있었던 것이었습니다.

| 결론 |

평소에, 하나님을 향한 절대 신뢰의 믿음과 언제라도 하나님께서 사용하실 수 있도록 자기 자신을 잘 준비시켜 놓아야 합니다. 말씀 묵상과 기도, 그리고 여러 가지 헌신과 충성과 직분감당 등으로 하나님 쓰시기에 합당한 그릇으로 잘 준비해야 합니다.

하나님께서는 위대한 하나님의 뜻을 이루실 때 반드시 준비된 하나님의 사람을 사용하십니다. 기회는 준비된 자에게 주어질 때 그 기회가 축복이 된다는 사실을 믿고, 언제든지 하나님께 쓰임 받을 수 있는 성도가 되도록 철저하게 준비하시기를 축원합니다.

| 공동기도 |

1. 나는 지금 얼마나 하나님의 사람으로 준비하고 있는가를 돌이켜 보며 기도하자.

2. 앞으로 영적 · 육적으로 준비된 자가 되어 하나님 앞에서 쓰임 받게 해달라고 기도하자.

3. 내게 축복의 시험의 기회가 왔을 때, 절대 순종으로 시험에 합격하는 축복의 성도가 되도록 기도하자.

9과. 영적 히브리인이 되라

찬송_ 401장(새 369장), 434장(새 384장)
본문_ 롬 4:16-25

"아브라함이 바랄 수 없는 중에 바라고 믿었으니 이는 네 후손이 이같으리라 하신 말씀대로 많은 민족의 조상이 되게 하려 하심이라."(롬 4:18)

하나님은 아브라함이라는 한 사람을 택하셔서 히브리인의 조상으로 삼으시고, 복의 근원으로서 믿음의 조상이 되게 하셨습니다. 그리고 그의 아들 이삭과 손자 야곱을 통해 이스라엘이라는 민족을 만드셔서 그 씨를 사용하여 독생자 예수 그리스도를 이 세상에 보내셔서 만유의 주와 구원의 주가 되게 하셨습니다.
아브라함을 믿음의 조상으로 삼으신 것은 이스라엘만을 위한 것이 아니요 예수님을 믿는 우리 모든 사람의 조상이 되게 하려 하심이라고 하셨으니, 우리가 육체적인 히브리인은 아니어도 예수를 믿는 영적 히브리인이 되어 영원한 하나님의 가문을 이루고, 영적인 복의 근원이며 믿음의 조상이 되기 위해 아브라함의 믿음을 본받아야겠습니다.

1. 미래를 선택한 믿음의 사람

아브라함은 그의 아비 데라가 갈대아 우르에서 우상을 섬겨 하나님 앞에 범죄함으로, 동생 하란도 죽고 자기 자신도 75세가 되도록 자식이 없는 저주가 임함을 깨닫고, 미래를 향해 본토 친척을 떠나라는 하나님의 명령에 순종한 것이었습니다. 물론 육신적으로 결단하기 어려운 일이었겠지만 그렇다고 해서 우상을 섬기는 아비와 함께 살면서 대가 끊어지고 사라지는 저주를 받기 싫었을 것입니다.

잘못된 육신의 과거의 관계에 얽매이느냐, 아니면 하나님의 말씀에 순종하여 얽혀진 저주를 끊고 새로운 미래의 축복된 삶의 근원이 될 것이냐 사이에서 과감히 하나님의 말씀에 순종하는 미래를 선택한 것이었습니다.

오늘날에도 예수님을 믿기 위하여 과거를 택할 것이냐, 미래를 택할 것이냐 때문에 고민하는 사람들이 많이 있는데, 우리는 복된 미래를 향해 과감히 돌이킴에 승리하는 성도가 되어야 합니다.

2. 하나님의 말씀에 끝까지 순종한 사람

본토 친척 아비 집을 떠난 아브라함이 가나안에 도착했을 때 흉년이 들어 가족과 애굽으로 피난을 가서 자기 아내를 누이동생이라고 속이기도 하고, 또 후사를 주신다는 말씀이 이루어지지 않자 십년 후에 자신의 종 엘리에셀을 후사로 삼으려고도 하고, 또 오년 후 하갈을 통해 이스마엘을 낳기도 하는 우리들과 다름이 없는 평범한 사람이었지만 그는 결단코 "본토 친척 아비 집을 떠나 내가 네게 지시할 땅으로 가라" 하신 하나님과의 언약을 거스르지 않았습니다. 인간적인 실수는 여러 번 있었지만 그 언약만은 끝까지 지킨 것이 아브라함이 복의 근원이 되고 믿음의 조상이 될 수 있었던 비결이었습니다.

아브라함은 자신의 아비 데라가 세상을 떠났을 때도 돌아가지 않았습니다. 심지어 아들 이삭의 며느리를 구하기 위하여 늙은 종을 하란으로 보낼 때에도 이삭을 그곳에 못 가게 할 정도로 다시는 본토 친척 아비 집으로 돌아가지 않았습니다. 바로 이런 아브라함의 믿음이 복의 근원이요, 믿음의 조상이 되게 한 것이었습니다.

| 결론 |

세상의 죄악 속에 살던 우리가 복음을 듣고, 예수님을 영접했을 때부터 이 세상을 떠날 때까지 믿음으로 살아야 합니다. 아무리 세상 유혹과 핍박과 환난이 닥쳐와도 결코 예수님을 떠나면 안 됩니다.

우리는 과거 죄와 허물로 죽었던 자들이었으며, 이 세상의 공중권세 잡은 자인 마귀를 섬기다가 이 땅에 사는 동안에 저주받고 결국 죽어서 지옥형벌을 피할 수 없었던 자들었습니다. 그러나 "예수 그리스도를 믿고 구원을 얻으라"는 주님의 밀씀에 순종하여 죄악과 저주에서 벗어난 하나님의 자녀가 된 것입니다.

그러므로 믿음 생활 중에 실수도 있을 수 있고, 의심도 있을 수 있지만 절대로 죄악으로 돌아가서는 안 됩니다. 끝까지 믿음으로 달려가는 성도에게 하나님은 반드시 축복하셔서 믿음의 조상과 복의 근원으로 삼아 주심을 믿고 승리하시기를 축원합니다.

| 공동기도 |

1. 실수와 의심이 있어도 절대로 예수 믿는 믿음만을 포기하지 말자고 기도하자.

2. 끝까지 믿음의 사람으로 달려가는 성도가 되기 위해서 기도하자.

3. 반드시 내가 복의 근원이요 믿음의 조상이 되도록 기도하자.

10과. 죄악의 강을 건너라

찬송_ 402장(새 360장), 399장(새 546장)
본문_ 창 12:1–5

"아브람이 그의 아내 사래와 조카 롯과 하란에서 모은 모든 소유와 얻은 사람들을 이끌고 가나안 땅으로 가려고 떠나서 마침내 가나안 땅에 들어갔더라." (창 12:5)

아브람이 집을 떠날 때, 건넜던 강이 바로 유브라데스 강이었습니다. 그가 히브리인의 조상이 되었는데 히브리라는 단어의 어원은 에베르, 즉 '강을 건너다' 라는 뜻으로서 강을 건너온 민족이라는 뜻입니다. 죄악의 강이었던 유브라데스 강을 건너온 민족이라는 의미입니다.

히브리인이란 이제 죄악의 강을 건넜으니 다시는 돌아가지 않는 민족이라는 뜻입니다. 실제로, 아브라함은 그 이후에 다시는 그 강을 건너 하란에 가지 않았으며, 이삭까지도 그 강을 건너 하란에 가지 못하게 했습니다.

죄악의 강을 건너 그리스도인이 된 우리는 영적 히브리인이 되었습니다. 그러므로 영적 히브리인이 된 우리도 다시는 죄악의 강을 건너지 않도록 믿음으로 살아야겠습니다.

1. 다시는 우상을 섬기지 말아야

우상은 하나님을 대신하는 것으로서 어떤 형상이 될 수도 있고, 사람이 될 수도 있고, 물질이 될 수도 있습니다. 하지만 우리는 그 어느 것도 하나님보다 더 높은 위치에 두는 것이 있어선 절대 안 됩니다. 어떤 사람들은 재물이 우상이 되기도 하고, 사람이 우상이 되어 그 사람 때문에 신앙생활을 게을리 하고, 염려하고, 두려워하기도 합니다.

어떤 사람은 명예나 육체적 조건이 우상이 되기도 하는데 그것은 곧 죄악의 강을 다시 건너는 불신앙이라는 사실을 알아야 합니다. 그리고 우상으로 섬겼던 그것은 하나님의 원수가 되어 하나님께서 그 우상을 진멸시키시기에, 결국은 이것도 잃고 저것도 모두 잃어버리는 실패자가 될 수밖에 없습니다. 그러므로 영적 히브리인은 절대로 우상을 섬기는 죄악을 저지르지 말아야 합니다.

2. 다시는 악한 신을 섬기지 말아야

십계명 중, 제일 첫 번째로 "너는 나 외에는 다른 신들을 네게 있게 말지니라."고 명령하셨는데 여기에서 말하는 신은 마귀 또는 귀신과 같은 악한 영들을 의미합니다.

영적 히브리인은 절대로 종교다원주의 같이 다른 신을 인정해서도 안 되고 겸하여 믿어서도 안 됩니다. 오직 예수님을 구원의 주로, 하나님은 유일하신 하나님이심을 믿고, 하나님만 섬기고, 경배해야 합니다.

그리고 성도는 절대로 제사 같은 것을 지내거나 사주팔자 · 점 · 토정비결 · 운수를 알아보려는 무속과 미신행위를 하지 말아야 합니다.

특히 고전 10:21에, "너희가 주의 잔과 귀신의 잔을 겸하여 마시지 못하고 주의 상과 귀신의 상에 겸하여 참예치 못하리라."고 강력히 말씀하셨습니다. 그러므로 영적 히브리인들은 절대로 악한 신을 섬기는 죄악을 저지르지 말아야 합니다.

3. 하나님의 것을 구별하여 하나님께 드려야

주일성수와 십일조 순종을 명령하셨습니다. 주일과 십일조는 둘 다 하나님의 것이라고 하시며 안식일, 즉 주일을 철저히 지키고 온전한 십일조를 하나님의 집 창고에 드리라고 명령하셨으니 이 두 가지를 범하면 죄악의 강을 다시 건너가는 불신앙으로 발전될 위험이 있습니다.
주의 날을 지키는 자들에게 하나님 안에서 즐거움을 얻게 하고, 또 땅의 높은 곳에 올려주신다 하셨습니다. 그리고 온전한 십일조를 하는 이들의 창고에 쌓을 곳이 없을 정도로 부어준다고 하셨습니다. 우리는 이것에 꼭 순종하여 영적 히브리인으로 승리해야 합니다.

| 결론 |

오늘날, 예수 그리스도를 믿는 우리는 모두 영적 히브리인이요 하나님의 자녀로서 하나님의 나라를 유업으로 받는 자들입니다. 그러므로 이제 죄악의 강을 건넌 우리는 철저한 하나님의 사람이 되어 다시는 죄악의 강을 건너 돌아가지 말고, 결단코 영적 가나안의 승리자가 되어야겠습니다.

– | 공동기도 |

1. 지난날 섬겼던 우상을 다시 섬기지 않도록 기도하자.

2. 악한 신을 섬기는 죄악을 저지르지 않도록 기도하자.

11과. 은혜의 강을 건너라

찬송_ 405장(새 205장), 408장(새 302장)
본문_ 출 14:10-17

"지팡이를 들고 손을 바다 위로 내밀어 그것이 갈라지게 하라 이스라엘 자손이 바다 가운데서 마른 땅으로 행하리라."(출 14:16)

애굽에서 살던 히브리 민족이 절대 절명의 위기상황에서 하나님께서 모세를 보내 구출을 해 주시는 과정 중에 홍해 바다를 만나게 됩니다. 뒤에는 바로의 군대가 공격해오고 앞에는 도저히 건널 수 없는 홍해 바다가 막혀 있는 진퇴양난의 상황 속에서 이스라엘 백성은 모세를 원망하며 광야에서 죽는 것보다 차라리 애굽 사람을 섬기는 것이 더 낫다며 불평을 하게 됩니다.

이때 모세가 백성에게 이르되, "너희는 두려워 말고 가만히 서서 여호와께서 오늘날 너희를 위하여 행하시는 구원을 보라. 너희가 오늘 본 애굽 사람을 다시는 영원히 보지 못하리라. 여호와께서는 너희를 위하여 싸우시리니 너희는 가만히 있을지어다." 하고서 하나님의 은혜로 갈라진 바다 사이로 무사히 탈출하게 됩니다.

이 사건은 오늘날, 죄악 속에 살다가 결국 멸망당할 수밖에 없는 우리를 위해서 독생자를 보내주셔서 피 흘려 죽게 하심으로 구원해주신 하나님의 전적 은혜를 말씀하시는 것으로서, 이렇게 은혜의 강을 건넌 우리가 어떻게 살아야 할 것인가를 생각해보아야 합니다.

1. 절대로 배은망덕하지 말아야

우리는 모두 전적인 하나님의 은혜로 구원 받았음을 깨닫고, 절대로 배은망덕하지 말아야 합니다. 이스라엘 백성은 애굽에서 건져주신 하나님의 은혜를 배은망덕하며 불평과 원망과 시험 등으로 결국 몇 사람을 제외하곤 모두 광야에서 죽고 가나안땅에 들어가지 못했습니다.
하나님께서 인간에게 주시는 모든 것이 은혜, 즉 선물입니다. 공기를 만들어 주셔서 우리가 숨을 쉬는 것과 우리의 몸속의 10만km의 혈관을 초속 5,000km의 속도로 흐르게 하여 살게 하시는 것도 전적으로 하나님의 은혜입니다.
원수 마귀를 진멸하시고, 우리를 영원한 죄와 사망과 저주에서 건지시기 위하여 피 흘려 죽어주신 하나님의 은혜로 구원을 받았습니다. 그러므로 혹 예수를 믿고 살다가 원치 않는 어려움이 닥친다 해도 절대로 원망이나 불평으로 배은망덕하지 말아야 하나님의 은혜로 그 위기를 극복할 수 있음을 믿으시기 바랍니다.

2. 적극적인 감사의 삶을 살아야

하나님께서 우리에게 은혜의 선물을 주시면서 원하시는 것은 단 하나로서 바로 감사하는 삶입니다. 감사는 은혜의 강을 건넌 사람으로 하여금 그 은혜를 유지하는 방법이고 더 나아가 더 크신 은혜를 받을 수 있는 축복의 방법입니다. 그래서 하나님께서는 신 16:16-17에, 장차 가나안에 들어가게 될 히브리 남자들에게 일 년에 세 절기를 반드시 지키라고 하셨으니 그것은 유월절과 칠칠절과 초막절이었습니다.
이 세 절기는 모두 감사절로서 구원해주신 은혜와 가나안에서 첫 수확을 하게 하신 은혜와 과거 광야에서 40년간 살게 하신 그 은혜를 기억하고 살아야 함을 명령하신 것입니다. 감사하는 삶은 모든 관계를 돈독하게 하는 방법으로서 감사를 많이 하는 사람이 은혜 위의 은혜를 충만히 받게 되고, 감사를 많이 해야 절대로 배은망덕하지 않는 것입니다.

| 결론 |

감사는 소젖을 짜는 것과 같습니다. 과거에 손으로 소젖을 짤 때 탱탱 분 소젖을 다 짜내면 젖이 비어 다시는 없을 것 같은데, 내일 보면 어느새 그 젖이 탱탱하게 불어 있어 또 젖을 짜내는 것과 같이, 감사하는 삶은 하나님의 은혜를 계속 유지할 수 있는 축복의 방법입니다.

감사를 계속하게 되면 삶이 변화되고, 모든 관계가 회복되고, 인생이 즐겁고, 축복을 받게 됩니다. 그러므로 하나님의 전적인 구원의 은혜의 강을 건넌 하나님의 자녀들은 더욱 적극적인 감사의 삶으로 은혜위에 은혜를 베풀어 주시는 하나님의 도우심 속에 승리하시기를 원합니다.

| 공동기도 |

1. 혹시 하나님의 은혜를 잊고 살고 있지 않은지를 생각하고 회개하자.

2. 지금 혹시 배은망덕하고 있지 않은 지를 돌이켜 보고 회개하자.

3. 이제, 적극적인 감사의 삶으로 풍성하신 하나님의 은혜 가운데 사는 성도가 되도록 기도하자.

12과. 믿음의 강을 건너라

찬송_ 382장(새 347장), 399장(새 546장)
본문_ 수 3:7-17

"너는 언약궤를 멘 제사장들에게 명령하여 이르기를 너희가 요단 물 가에 이르거든 요단에 들어서라 하라."(수 3:8)

홍해 바다를 하나님께서 갈라 주셨기에, 이스라엘 백성은 바다를 육지처럼 건너게 되어 광야로 나왔습니다. 그러나 광야에서 40년간 살던 그들을 가나안 땅에 들여보내실 때는 요단강을 갈라 주시지 않고, 언약궤를 어깨에 멘 제사장들로 하여금 그 강물을 밟으면 흐르던 물이 끊어지고 그 강을 무사히 건널 수 있다고 하셨습니다. 평소에 요단강은 그리 넓거나 깊지 않아서 목숨의 위협을 느끼지 않고 건널 수 있으나, 이때는 일 년 중에, 비가 가장 많이 와서 와디라고 하는 계곡 전체가 물이 불어서 강을 그냥 건널 수 없었습니다. 그런데 그때를 택하여 건너라고 하시는데, 언약궤를 멘 제사장들이 강물을 밟으면 강이 끊어져, 그 사이로 길이 나니 그렇게 하라는 것이었습니다.

그것은 믿음을 요구하신 하나님의 뜻이었습니다. 하나님의 언약을 믿는 믿음이면 넘실거리는 요단강을 육지처럼 건널 수 있음을 우리에게 알게 하시려는 하나님의 뜻이었습니다. 이 사건에서 우리를 향하신 하나님의 뜻을 잘 깨닫고 믿음으로 승리해야겠습니다.

1. 예수 이름을 믿는 믿음으로 순종하라는 것

홍해 바다는 우리를 위하여 십자가에서 피 흘려 죽어주신 예수님의 구원의 은혜를 상징하는 것으로서, 하나님께서 먼저 갈라 주시고 건너게 하신 예수 그리스도의 전적인 은혜를 의미합니다. 그러나 광야 생활 후에 요단강을 건너 가나안에 들어갈 때는 모세 대신에 여호수아를 택하여 세워주시고, 요단강물을 밟으라 하심은 천국에는 반드시 예수 그리스도의 이름을 믿어야만 들어갈 수 있음을 말씀하시는 것입니다.

여호수아의 이름은 장차 인간을 구원하셔서 천국으로 인도하시는 예수 이름과 같은 뜻으로 '여호와는 구원이시라' 는 의미입니다. 하나님께서 여호수아와 갈렙 중 여호수아를 모세의 후계자로 삼으신 것은 그가 갈렙보다 훌륭해서라기보다는 장차 이 땅에 오셔서 믿는 자들을 천국으로 인도하시는 예수님의 이름과 일치시키기 위하여 여호수아를 택하신 것입니다.

그러므로 성도는 예수 이름을 믿고, 예수님의 말씀에 믿음으로 순종할 때, 천국에 갈 수 있습니다. 그리고 이 땅에 사는 동안에 요단 강물이 넘치는 것과 같이 어렵고 힘든 상황에서도 능히 이기고 하나님의 응답 속에 살 수 있습니다.

2. 절대 의심하지 말아야 한다는 것

믿음의 반대말은 불신이 아니고 의심입니다. 우리의 믿음을 방해하는 것이 의심이기에 약 1:6-8에, "오직 믿음으로 구하고 조금도 의심하지 말라. 의심하는 자는 마치 바람에 밀려 요동하는 바다 물결 같으니 이런 사람은 무엇이든지 주께 얻기를 생각하지 말라."고 하셨습니다.

의심하지 않고, 믿음을 지킬 수 있는 방법은 인내로써 끝까지 참고 기다리며 예수 이름과 그 약속의 말씀을 붙들고 나아가야 합니다. 설령 그리 아니 하실지라도 절대로 의심하거나 포기하면 안 됩니다.
믿음의 선배들을 보면 노아도 7, 80여 년을 인내하여 방주를 만들고, 아브라함도 25년을 인내하여 이삭을 낳았고, 이삭도 마흔 살에 결혼 후 20년을 인내하다 에서와 야곱을 낳았습니다. 야곱도 삼촌 라반의 집에서 20년을 봉사하고 고향으로 돌아왔으며 요셉도 22년 후에 자신의 꿈을 경험할 수 있었습니다.
우리도 믿음의 사람이 되기 위하여 의심하지 말고 인내하여 반드시 승리해야 합니다.

| 결론 |

우리의 신앙생활은 모두 믿음으로 이루어집니다. 히 11:6에도, "믿음이 없이는 하나님을 기쁘시게 못하나니…" 라고 하신 것처럼 예수님의 이름을 믿고 예수님의 말씀대로 끝까지 순종하며 인내할 때 우리는 넘실거리는 요단강 같은 어려운 상황도 하나님의 도우심과 응답으로 건널 수 있으니, 우리 모두 끝까지 믿음으로 승리하는 믿음의 사람이 됩시다.

| 공동기도 |

1. 천국 가는 날까지 예수님만 믿고 사는 성도가 되도록 기도하자.
2. 하나님의 말씀을 믿고 기도하며, 끝까지 인내하여 응답의 성도가 되도록 기도하자.
3. 절대로 의심하거나 낙심하거나 포기하지 말고, 끝까지 승리하는 성도가 되도록 기도하자.

13과. 생명수 강을 건너라

찬송_ 513장(새 458장), 544장(새 492장)
본문_ 계 22:1-5

"또 그가 수정 같이 맑은 생명수의 강을 내게 보이니 하나님과 및 어린 양의 보좌로부터 나와서 길 가운데로 흐르더라."(계 22:1-2)

가나안에는 여러 이방족속들이 있어서 열두 지파가 그 땅을 점령하여 다스렸습니다. 이것은 우리가 예수님을 믿어 천국에 들어가지만 그곳에서 받을 상급과 면류관이 각각 다르므로 이 땅에서 하나님께 순종하여 천국의 상급과 면류관을 준비해야 하는 의미로도 볼 수 있습니다.

구원받아 천국에 들어가는 것은 전적인 하나님의 은혜로서 누구나 동등하게 누리는 축복입니다. 그러나 천국에서의 삶은 각각 다르다는 것을 알고, 이 땅에 사는 동안 천국에서의 삶을 준비해야 합니다.

그래서 고전 3:10-15에 성도는 예수 그리스도의 터 위에 집을 세우면 각각 공력이 나타나게 되는데, 불이 그 공력이 어떠한 것인가를 시험하게 됩니다. 만일, 누구든지 그 위에 세운 공력이 그대로 있으면 상을 받고 누구든지 공력이 불타면 해를 받으리니 이런 사람은 구원을 얻되 불 가운데서 얻은 것 같다고 하셨습니다. 그러므로 하나님의 뜻대로 살아 생명수 강가에서 예수님의 영광을 보며 살아야겠습니다.

1. 예수님은 달란트의 비유로 말씀하시다

하나님은 각 사람에게 달란트를 각각 주셨는데 이 달란트는 하나님을 섬기는 재능을 말하는 것으로서, 각자 다르게 받을 수 있지만 그 달란트로 얼마나 주를 위하여 헌신했느냐를 말씀하시는 것입니다. 다섯 달란트와 두 달란트를 받은 종은 열심히 일해서 각각 배를 남겨 주인으로부터 칭찬을 받았지만 한 달란트 받은 종은 땅속에 감춰두었다가 그것을 다시 가져오므로 악하고 게으른 종이라 책망을 받았으며 그것마저 빼앗기는 신세가 되고 말았습니다. 구원받은 우리는 하나님께서 주신 달란트로 최선을 다해 헌신하며, 하나님을 기쁘시게 해드리고, 많은 상급으로 천국에서의 영화로운 삶을 준비하며 살아야 합니다.

2. 예수님은 므나의 비유를 말씀하시다

주인이 왕위를 받으러 먼 나라로 가면서 열 명의 종들에게 모두 동일하게 한 므나씩 주었다고 했습니다. 그리고 왕위를 받고 돌아와서 각각 결산을 하시는데 열 므나를 남긴 종에게는 열 고을을 다스릴 권세를 주시고 다섯 므나를 남긴 종에게는 다섯 고을을 다스릴 권세를 주시며 칭찬하셨는데, 이번에도 한 므나를 그냥 수건에 싸 두었다가 그대로 가져온 종에게는 많은 책망과 함께 그것마저 빼앗아 열 므나를 남긴 종에게 주고 말았습니다.
이 비유는 전도의 열매를 의미하는 것으로서 성도는 누구나 전도를 통해 영혼을 구원해야 하는 것이 사명이고 의무임을 말씀하십니다. 영혼 구원의 숫자가 천국에서 다스릴 고을의 넓이를 의미합니다. 주인의 뜻을 따라서 믿지 않는 영혼의 구원을 위해서 노력해야 합니다.

3. 천국에서 누리는 영광이 각각 다르다고 하시다

고전 15:40-41에, "하늘에 속한 형체도 있고 땅에 속한 형체도 있으나 하늘에 속한 자의 영광이 따로 있고 땅에 속한 자의 영광이 따로 있으니 해의 영광도 다르며 별의 영광도 다른데 별과별의 영광이 다르도다."고 하였습니다. 천국에 들어가 살게 될 성도의 영광이 이렇게 각각 다름을 말씀하시는 것입니다. 우리는 천국에서 하나님의 영광을 가까이 뵐 수 있는 생명수 강가에 사는 승리적인 삶을 살아야 합니다.

| 결론 |

천국에서의 영원한 삶의 위치는 모두 다르다는 것을 깨닫고, 하나님께서 주신 달란트로 최선을 다해 하나님을 위해서 충성해야 하며, 구원의 감격으로 복음을 전하여 많은 영혼을 구원하여 하나님으로부터 잘했다 칭찬받고 많은 고을을 다스릴 권세를 얻는 성도가 되어야 합니다.
우리가 세상을 떠나는 날, 주님의 품 안에 안겨서 예수님의 위로와 칭찬 속에 영생에 들어가는 성도가 되시기를 바랍니다.

| 공동기도 |

1. 천국에서의 삶을 준비하기 위하여 사모하므로 노력하는 성도가 되기 위하여 기도하자.
2. 하나님께서 주신 달란트를 통해 열심히 충성하여 칭찬받는 성도가 되도록 기도하자.
3. 구원의 감격으로 믿지 않는 영혼을 구원하여 천국 고을을 다스릴 권세를 많이 받기 위해서 기도하자.

2학기

14과. 믿음을 확인하시는 예수님

찬송_ 219장(새 540장), 442장(새 569장)
본문_ 마 15:21-28

"이에 예수께서 대답하여 이르시되 여자여 네 믿음이 크도다 네 소원대로 되리라 하시니 그 때로부터 그의 딸이 나으니라."(마 15:28)

두로 지방에서 한 여인이 예수님께 흉악한 귀신 들린 자신의 딸을 구원해 달라고 간청을 하는데, 예수님은, "나는 이스라엘의 잃어버린 양 외에는 다른 데로 보내심을 받지 아니하였노라"고 외면하시고, 그녀에게 자녀의 떡을 취하여 개들에게 던짐이 마땅치 않다고 하시며, 치욕스런 말로 그 여인을 모독하셨습니다.
그러나 그녀는 모욕을 당하면서도 포기하지 않습니다. "주여, 옳소이다마는 개들도 주인의 상에서 떨어지는 부스러기를 먹나이다." 라고 하자 예수님께서 그 여인의 믿음을 칭찬하시며 "네 소원대로 되리라" 하시매 그 시로부터 그녀의 딸이 나았습니다. 우리는 예수님께서 왜 이렇게 하셨는가를 깨닫고, 주님이 원하시는 믿음의 사람이 되어야겠습니다.

1. 믿음을 확인하시는 예수님

예수님께서 그 가나안 여인에게 냉정하게 대하신 것은, 이 여인의 믿음을 확인하시기 위함이었습니다.
히 11:6에, "믿음이 없이는 기쁘시게 못하나니 하나님께 나아오는 자는 반드시 그가 계신 것과 또한 그가 자기를 찾는 자들에게 상 주시는 분이심을 믿어야 할지니라."고 하셨습니다. 예수님께서는 이 여인이 예수님에 대한 확실한 믿음, 즉 살아 계신 하나님의 아들이요 그리스도라는 믿음을 가지고 간구하는가를 확인하시기 위하여 전혀 생각에도 없는 예수님답지 않은 말씀을 하신 것입니다.
하나님은 믿음의 사람을 찾으십니다. 예수님께서는 이 여인이 자신의 고통을 해결받고 싶은 마음이 간절한 나머지 혹시 아니면 말고 식으로 예수님 앞에 나오진 않았나를 확인하시기 위하여 모욕적인 말씀도 하신 것입니다.
예수님께서는 날 때부터 소경이었던 거지 바디매오가 소리 지르며 외칠 때, 그를 부르시자 바디매오는 이제 자신은 예수님으로부터 구원받아 눈을 뜨게 될 줄로 믿고 소경의 표시였던 겉옷을 벗고 달려왔지만, 예수님께서 끝까지 믿음을 확인하시기 위해서 "내가 네게 무엇을 해 주길 원하느냐?"며 또 물으시고, "네, 보기를 원하나이다."하는 믿음의 고백을 듣고 그를 구원하셔서 눈을 보게 해주셨습니다.
우리가 예수님의 도우심을 받기 원할 때는 예수님에 대한 확실한 믿음을 가지고 예수 앞에 기도하며 나아가야 응답을 받습니다.

2. 예수님에 대한 믿음이 있으면 끝까지 간구해야

예수님은 전능하신 하나님이시고, 우리를 구원하시는 분이라고 믿었으면 혹 응답이 전혀 없고, 또는 하나님께서 나의 기도를 외면하시는 것처럼 느껴질지라도, 때로는 그 일로 많은 모욕을 당한다 할지라도 절대로 낙심하지 말고 나의 문제를 해결해 주실 분은 오직 예수님 밖에 없다는 굳건한 믿음으로 끝까지 간구하며 달려가야 합니다.

예수님은 우리의 간구에 외면하시는 것처럼 느껴질 때도 있고, 때로는 숨이 넘어갈 지경까지 응답해주시지 않다가 정말 죽기 직전에 응답해 주시기도 합니다. 그리고 한 번에 다 응답해주시지 않고 마치 열두 대문을 지나듯 대문 하나씩을 열어주시며 애타게 하실 때도 있으십니다. 이렇게 하시는 것도 모두 우리의 믿음을 확인하시고 또 연단시키시기 위한 과정임을 믿고 끝까지 인내하며 오직 예수님만을 의지하며 나아가면 결국에는 우리의 기도가 응답을 받게 됩니다.

| 결론 |

하나님은 말씀하시기를, "너희를 향한 나의 생각은 재앙이 아니요 평안으로서 장래에 소망을 주려 하심이라"고 렘 29:11에 말씀하실 정도로 우리를 사랑하시는 분이십니다. 그러나 예수님께서는 원하시는 것은 결국 하나님을 향한 절대 신뢰의 믿음임을 깨닫고 끝까지 간구하고 끝까지 인내하며 하나님의 도우심과 응답으로 승리하시기 바랍니다.

| 공동기도 |

1. 나는 예수님에 대한 확실한 믿음이 있는가를 생각하며 오직 예수님만이 전능하신 하나님으로서 나를 구원하시는 분이심을 믿는 믿음을 위하여 기도하자.
2. 오직 예수님만이 나의 문제의 해결사이심을 믿고 끝까지 간구하고 인내하는 성도가 되기 위하여 기도하자.

15과. 표적과 기사와 능력을 경험하라

찬송_ 400장(새 358장), 402장(새 360장)
본문_ 히 2:1-4

"하나님도 표적들과 기사들과 여러 가지 능력과 및 자기의 뜻을 따라 성령이 나누어 주신 것으로써 그들과 함께 증언하셨느니라."(히 2:4)

하나님은 여러 가지 기사와 표적과 능력을 통해 자신이 절대자요 전능자요 창조주요 구원자이심을 나타내기도 하셨습니다.
애굽 왕 바로에게 열 가지 재앙을 보여주시며, 아브라함에게 백세에 이삭을 낳게 해 주시며, 하나님이 전능자이심을 보여 주셨습니다. 그리고 이스라엘 백성의 광야 40년 세월동안 반석을 쳐서 물을 내어 주시고, 만나 먹여 주시고, 메추라기를 먹여주시고, 요단강을 갈라 주시고, 여리고성을 무너뜨려 주시는 것 등으로 하나님의 능력과 신성을 나타내 보여 주셨습니다.
우리도 삶 속에서 하나님께서 나타내주시는 기사와 표적을 경험할 수 있음을 깨달아야 합니다. 하나님의 자녀로서 권세 있는 삶을 살면서 세상에 하나님의 살아 계심을 나타내고 표적으로 복음을 전하는 자가 되어야겠습니다.

1. 예수 믿는 우리들을 자녀로 낳아주시고 권세를 주심

요 1:12-13에 보면, "영접하는 자 곧 그 이름을 믿는 자들에게는 하나님의 자녀가 되는 권세를 주셨으니 이는 혈통으로나 육정으로나 사람의 뜻으로 나지 아니하고 오직 하나님께로서 난 자들이니라"고 하셨습니다. 그렇게 때문에 요 14:12에, "내가 진실로 너희에게 이르노니 나를 믿는 자는 나의 하는 일을 저도 할 것이요 또한 이보다 큰 것도 하리니 내가 아버지께로 감이니라"고 하시며, 하나님의 자녀들도 예수님께서 행하신 능력을 나타낼 수 있다고 말씀하셨습니다.

고전 4:20에, "하나님의 나라는 말에 있지 아니하고 오직 능력에 있음이라"고 하셨으며 막 16:17-18에, "믿는 자들에게 이런 표적이 따르리니 곧 저희가 내 이름으로 귀신을 쫓아내며 새 방언을 말하며 뱀을 집으며 무슨 독을 마실지라도 해를 받지 아니하며 병든 사람에게 손을 얹은즉 나으리라"고 하셨습니다.

베드로와 요한이 성전 미문의 앉은뱅이를 주 예수의 이름으로 고쳤으며, 사도 바울도 귀신을 쫓아내고 많은 병자를 고치며 주의 복음을 전파하였습니다.

그러므로 하나님의 자녀들도 이런 권세와 능력을 나타낼 수 있다는 것을 깨닫고 권세 있는 성도가 되어 표적과 능력으로 하나님의 나라를 나타내야 합니다.

2. 성령을 의지하여 기사와 표적과 능력을 나타내어야 함

귀신을 쫓아낼 때도 성령을 힘입어 쫓아내야 하고 병든 자를 위하여 기도할 때도 성령을 의지하여 예수님의 이름으로 해야 하며 오직 모든 영광을 하나님께 돌려야 합니다.

행 1:18에, "오직 성령이 너희에게 임하시면 너희가 권능을 받고 예루살렘과 온 유대와 사마리아와 땅 끝까지 이르러 내 증인이 되리라"고 하셨으니 우리는 성령을 받아야 하고, 성령을 받으면 권세와 능력이 함께 임함을 믿고 예수 생명의 복음을 전하기 위하여 순종할 때 성령께서 기사와 표적과 능력으로 함께 역사해주십니다.

그러나 절대로 신비주의자가 되면 안 됩니다. 이런 표적과 기사만 좇는다면 혹 잘못될 수도 있고 교만해질 수도 있고 하나님의 언약의 말씀을 소홀히 할 수도 있으니 우리가 경험하는 모든 능력은 반드시 성경에 기록된 것만 경험해야 합니다.

절대로 자신의 유익을 구하지 말고, 오직 주의 복음을 전하고 영혼을 구원하고 치유와 회복시키는 일에 능력을 나타내고, 오직 모든 영광을 하나님께 돌리는 성도가 되어야 합니다. 하나님께서는 이런 성도들을 통해 하나님 나라를 확장시키시니 우리 모두 능력의 성도가 되도록 노력합시다. 할렐루야!

| 결론 |

하나님께서 자신을 과시하기 위하여 표적과 기사와 능력을 나타내셨습니까? 우리에게 표적과 기사와 능력을 누리라 하심이십니다. 성령님께 충만한 사람이 되어 표적을 나타내고, 능력을 행사하라는 것입니다. 믿는 사람에게 따르는 표적과 기사와 능력을 누리시기 원합니다.

| 공동기도 |

1. 성령의 사람이 되어 능력으로 권세 있는 성도가 되기 위하여 기도하자.

2. 믿는 자들에게 따르는 표적으로 하나님 나라를 전파하는 성도가 되기 위하여 기도하자.

3. 절대로 교만하지 말고, 겸손하여 오직 하나님께만 영광 돌리는 성도가 되자.

16과. 천사로 수종 들게 하라

찬송_ 342장(새 543장), 357장(새 322장)
본문_ 마 4:1-11

"이에 예수께서 말씀하시되 사탄아 물러가라 기록되었으되 주 너의 하나님께 경배하고 다만 그를 섬기라 하였느니라 이에 마귀는 예수를 떠나고 천사들이 나아와서 수종드니라."(마 4:10-11)

"너는 마음을 다하고 목숨을 다하고 뜻을 다하여 주 너의 하나님을 사랑하라. 이것이 크고 첫째 되는 계명이요 둘째는 그와 같으니 네 이웃을 네 몸과 같이 사랑하라 하셨으니 이 두 계명이 온 율법과 선지자의 강령이라" 고 마 22:37-40에 말씀하셨습니다.
이것은 하나님을 사랑해야 하나님의 사랑을 받을 수 있고 하나님의 사랑을 받아서 이웃을 그 하나님의 사랑으로 사랑하게 하려 하심이었습니다.
이 세상에서 하나님을 우선하고, 하나님의 말씀대로 살아서 하나님의 사랑으로 살아가며, 이렇게 해야 천사들이 수종 드는 삶을 살게 됩니다. 이것을 우리에게 가르쳐 주시려고 예수님은 공생애에 들어가시면서 마귀에게 시험을 받기 위해서 40일을 주리셔서 연약한 몸이 되시고, 마귀의 시험을 물리치는 방법을 알려 주셨습니다. 우리도 이 방법으로 승리하여 천사가 수종 드는 승리의 생애가 되시기를 바랍니다.

1. 마귀는 물질로 성도를 시험

마귀는 세상 임금으로서 먹을 것, 입을 것, 마실 것 등으로 성도를 시험하게 됩니다. 우리가 연약할 때일수록 이 세상 물질의 유혹이 강해집니다. 그래서 물질의 시험을 이기지 못하고, 물질의 노예가 되고 물질 우선주의가 되어 신앙을 소홀히 여기게 됩니다. 이것이 바로 마귀가 흔하게 사용하는 시험입니다.

40일 동안 주리신 예수님 앞에 나타난 마귀는 돌더러 떡이 되게 하라며 배고픔을 이용하여 자신의 말에 순종하도록 유혹했지만, 예수님께서는 기록되어진 신 8:3의, "사람이 떡으로만 살 것이 아니요 하나님의 입으로 나오는 모든 말씀으로 살 것이라"고 선포하심으로써 마귀의 물질의 시험을 물리치셨습니다. 그러므로 우리도 이런 물질의 시험이 있을 때마다 하나님의 말씀으로 이런 시험을 물리쳐야 합니다.

2. 마귀가 하나님의 말씀으로 예수님을 시험

마귀는 예수님을 거룩한 성으로 데리고 가서 성전 꼭대기에 세우고, "네가 만일 하나님의 아들이어든 뛰어내리라 기록되었으되 저가 너를 위하여 그 사자들을 명하사 저희가 손으로 너를 받들어 발이 돌에 부딪히지 않게 할 것이 아니냐"며, 시 91:11-12의 말씀으로 예수님을 유혹했으나 예수님은 주 너의 하나님을 시험하지 말라는 신 6:16의 말씀으로 마귀의 시험을 물리치셨습니다.

그러므로 성도는 하나님의 말씀을 절대로 의심하지 말고, 하나님의 언약을 끝까지 붙들고 나아가야 합니다. 그래야 말씀을 통한 마귀의 시험을 물리칠 수 있습니다.

3. 마귀가 천하만국의 영광, 즉 명예로 예수님을 시험

두 번째 시험에 실패한 마귀는 마지막으로 예수님을 높은 산으로 인도하였습니다. 예수님께 천하만국의 영광을 보여주며 엎드려 경배하면 이 모든 것을 주겠다고 유혹했을 때, 예수님은 이번에도 기록되어진 신 6:13 말씀, "사탄아 물러가라 기록되었으되 주 너의 하나님께 경배하고 다만 그를 섬기라 하였느니라"라는 말씀으로 시험을 물리치셨습니다. 마귀는 이처럼 성도를 쓰러뜨리려고 이 세상 영광과 명예로서 유혹하며 시험합니다. 우리는 어떤 일이 있어도 하나님만 사랑하고 하나님만 섬기는 말씀 우선 신앙으로 이런 유혹을 물리쳐야 승리하게 됩니다.

| 결론 |

예수님께서 하나님의 말씀으로 마귀의 시험을 물리치시자 시험하던 마귀가 떠나고, 천사가 예수님께 수종 들기 시작하면서 본격적인 공생애 사역에 들어가셨습니다. 하나님께서는 히 1:14에, "모든 천사들을 부리는 영으로서 구원 얻을 후사들을 위하여 섬기라고 보내셨노라"고 하셨기에, 우리는 반드시 천사들의 도움을 받아야 합니다. 그리고 마귀의 육적 시험을 물리쳐야 합니다. 마귀의 시험을 물리치고, 천사가 수종 드는 삶을 사시기 바랍니다.

| 공동기도 |

1. 내게 이런 시험이 닥칠 때, 기록된 말씀으로 물리치게 해 달라고 기도하자.

2. 영적 시험의 승리자가 되어 돕는 천사가 수종 드는 승리의 성도가 되도록 기도하자.

17과. 충직한 청지기가 되자

찬송_ 270장(새 508장), 370장(새 330장)
본문_ 눅 12:41-48

"주께서 이르시되 지혜 있고 진실한 청지기가 되어 주인에게 그 집 종들을 맡아 때를 따라 양식을 나누어 줄 자가 누구냐."(눅 12:42)

전적인 하나님의 은혜로 구원받은 우리에게 교회를 통한 복음전파와 영혼구원과 하나님의 나라를 확장하는 청지기가 되라고 하셨습니다. 성도는 당연히 하나님의 일에 헌신해야 하며, 인생의 목적을 하나님의 일에 두고 살아야 합니다.

그래서 우리는 이때부터 본업과 부업의 우선순위를 잘 결정해야 합니다. 구원을 받은 그 순간부터 하나님의 일, 즉 영적인 직분을 본업으로 삼고, 육체를 위한 직업을 부업이라고 생각하며 그 우선순위를 분명히 정립해야 합니다. 그리고 이 사명의 감당을 위하여 최선을 다하는 청지기가 되어야 비로소 하나님의 자녀로서의 바른 삶을 살게 되고, 장차 천국에서 상급과 면류관을 받는 인생의 승리자가 됩니다.

예수님께서는 재림하실 때, 이렇게 청지기로서 영적 사명을 감당하고 있는 성도가 복이 있다고 말씀하셨습니다. 그리고 그 모든 소유를 저에게 맡기시겠다고 하셨으니, 하나님께서 기뻐하시는 청지기가 되어야겠습니다.

1. 진실한 청지기

진실한 청지기는 항상 하나님을 의식하며 하나님 앞에서 라는 코람데오 정신으로 살아야 합니다. 어디에서나 우리를 지켜보시는 임마누엘 하나님 앞에 부끄럼이 없도록 늘 진실해야 합니다. 진실이란 아무런 허물이 없는 것만을 의미하는 것이 아닙니다. 실수나 또는 허물이 있을 때라도 즉시 깨닫고 돌이키며, 예수 그리스도의 보혈을 의지하여 회개에 승리하는 것까지가 진실에 포함된다고 생각합니다.
우리는 어떤 방법으로도 하나님을 피하거나 속일 수가 없기에 하나님 앞에서 진실한 성도가 되어야 청지기로 쓰임 받을 수 있습니다.

2. 성실한 청지기

성실하다는 것은 끝까지 변함없이 꾸준히 순종함을 말하는 것으로서 이렇게 성실하려면 주인 의식을 가져야 합니다. 하나님께서 맡겨주신 일을 감당하지만 마치 이 일을 내 일처럼 생각하고 남을 의식하지 않고 꾸준한 자세로 순종하는 것을 성실이라고 합니다. 우리가 하는 일은 하나님 아버지의 일로서 자녀로서 마땅히 감당해야할 사명입니다.
성도는 꾸준히 주의 일을 감당해야 합니다. 그래야 예수님께서 언제 오시든지 그때, 일하는 우리가 그 모습으로 예수님을 만나게 되어 복 있는 성도로 칭찬받게 됩니다. 오늘날, 교회에서 목회자들이 좋아하는 성도도, 변함이 없이 꾸준히 맡겨진 직분을 성실하게 감당하는 성도입니다.

3. 확실한 청지기

성도는 하나님 앞에 확실한 자세로 순종해야 합니다. 하나님 앞에 확실하다는 것은 하나님의 말씀을 확실히 믿고, 성령의 가르침대로만 순종하는 삶을 말합니다. 말씀이 가라하면 가고, 가지 말라 하면 멈추는 확실한 성도가 되어야 합니다.
성경만이 우리의 삶의 기준이고 하나님의 뜻이요, 가르침입니다. 그러므로 하나님의 말씀에 전혀 요동이 없는 확실한 일에 거하는 청지기가 될 때 끝까지 충성 할 수 있고, 언제 오실지 모르는 예수님을 확실하게 만날 수 있습니다.

| 결론 |

하나님은 지금도 훌륭한 청지기, 충직한 청지기를 찾고 계십니다. 이런 청지기에게 감당할 수 있는 능력과 환경을 주시고 물질도, 건강도, 지혜와 은사도 주십니다.
그러므로 오늘 주신 말씀을 깊이 묵상하면서 진실한 청지기, 성실한 청지기, 확실한 청지기가 되어 이 땅에서도 쓰임 받아 복을 받고 천국에서도 많은 상급과 면류관을 쓰는 충직한 청지기가 되시기 바랍니다.

| 공동기도 |

1. 지금 나 자신이 하나님의 충직한 청지기로 쓰임 받고 있는가를 생각하며 이를 위하여 기도하자.
2. 진실한 청지기, 성실한 청지기, 확실한 청지기가 되도록 기도하자.
3. 예수님께서 재림하실 때 청지기로 쓰임 받다가 복을 받는 성도가 되도록 기도하자.

18과. 주 안에서 부모를 공경하라

찬송_ 333장(새 275장), 305장(새 305장)
본문_ 엡 6:1-4

"자녀들아 주 안에서 너희 부모에게 순종하라 이것이 옳으니라."(엡 6:1)

하나님께서 주신 계명에서 사람사이의 계명으로 으뜸 되는 것은 부모를 공경하라는 법입니다. 구약시대에 주신 율례에 보면, "무릇 아비나 어미를 저주하는 자는 반드시 죽일지니 그가 그 아비나 어미를 저주 하였은즉 그 피가 자기에게로 돌아가리라"고 하실 정도로 엄하게 명령 하시며 부모님에 대한 공경을 강조하셨습니다.
그와 동시에 부모님을 공경하는 자녀에게는, "너의 하나님 여호와가 네게 준 땅에서 네 생명이 길리라"고 출 20:12에 말씀하셨으며, 엡 6:2-3에는, "이것이 약속 있는 첫 계명이니 이는 네가 잘되고 땅에서 장수하리라"는 축복의 말씀을 하셨습니다.
왜 하나님께서 이렇게 부모 공경에 대하여 중요하게 강조하셨는가를 깨달아야 하며, 부모를 공경하면 어떤 복이 임하는 것인가를 배워서 순종하는 성도가 되어야 합니다.

1. 최고의 부모 공경은 부모의 영혼 구원

부모는 이 세상에 우리를 태어나게 하시고, 우리를 양육하기 위하여 온갖 고생을 마다하지 않으시며 희생과 헌신으로 사랑을 베푸신 분입니다. 이런 부모의 은혜를 감사하는 것은 자식 된 도리요 마땅한 의무입니다.
그래서 부모의 은혜를 갚기 위해 용돈도 드리고, 좋은 음식도 대접해드림이 효도와 공경의 방법이나, 이것보다 더 중요한 효도와 공경은 부모님을 반드시 예수 믿으시도록 기도하고 전도하여 영원한 생명을 얻게 해 드리는 것입니다.
자녀가 아무리 육신적으로 잘 공경한다 해도 예수님을 믿지 않으면 부모님의 영혼은 지옥에 갈 수밖에 없으며, 영원토록 형벌을 받아야 되기에 구원받은 자녀의 최대 공경은 어떻게 해서든지 부모의 영혼을 구원하여 천국에 가실 수 있도록 해 드려야 합니다.

2. 부모를 공경하는 자녀에게 이 땅에서 잘 되는 복이 약속됨

하나님께서 부모를 공경하는 자녀에게 이 땅에서 잘 되는 복을 주시는 이유는 복이 있어야 그 복을 가지고 부모에게 최고의 것으로 평안하게 잘 공경할 수 있기 때문에 그런 복을 주시겠다는 것입니다. 사실, 부모를 공경하고 싶어도 이 땅에서 자녀가 잘 되지 못하면 현실적으로 좋은 것으로 부모에게 효도할 수가 없기에 하나님께서는 먼저 이 땅에서 잘 되는 복을 주셔서 부모에게 좋은 것으로 효도하며 공경하도록 하시겠다는 것입니다.
그러므로 부모를 잘 공경하면 하나님께서 주시는 복도 이 땅에서 선물로 누리게 되는 것임을 아시기 바랍니다.

3. 부모를 공경하는 자녀에게 이 땅에서 장수하는 복이 약속됨

자녀가 연로하신 부모를 오랜 세월 잘 모시려면 자녀도 건강하게 오래 살아야 합니다. 자녀가 몸이 아프거나 단명하게 되면, 그 자체가 부모에게 불효를 하는 것이요 돌이킬 수 없는 상처를 안겨 드리는 것이기에 하나님께서는 부모를 공경하는 자녀에게 이 땅에서 장수하는 복을 선물로 주시겠다는 것입니다. 일반적으로 봐도 주변에 부모를 공경하는 집안은 대체로 장수하는 것을 볼 수가 있습니다.

건강하게 장수하고 싶으십니까? 그러면 부모를 공경하십시오. 하나님께서 반드시 장수의 복을 주셔서 부모를 잘 공경할 수 있도록 해 주실 것입니다.

| 결론 |

부모에 대한 공경은 자녀의 의무이자 하나님의 뜻입니다. 우리는 제일 먼저 부모의 영혼구원을 통해 최고의 효도를 해야 합니다. 또한 하나님께서 부모공경의 선물로 주시는 땅에서 잘 되는 복과 장수의 복을 통해 하나님의 뜻대로 아름다운 부모 공경의 자녀로 살아야 할 것입니다.

| 공동기도 |

1. 부모에 대한 공경의 마음이 있는가를 생각해 보며 모두 부모를 공경하는 자녀가 되도록 기도하자.
2. 최고의 부모 공경은 영혼구원이므로 아직 믿지 않는 부모가 있다면 부모의 영혼구원을 위하여 기도하자.
3. 고향에 계신 부모를 위하여 진실한 마음으로 축복 기도하자.

19과. 가정과 교회는 지켜라

찬송_ 305장(새 305장), 245장(새 210장)
본문_ 아 2:10-15

"나의 사랑하는 자가 내게 말하여 이르기를 나의 사랑, 내 어여쁜 자야 일어나서 함께 가자."(아 2:10)

하나님께서 이 세상에 만들어주신 공동체가 바로 가정과 교회입니다. 아담과 하와가 인류 최초의 가정이었습니다. 그리고 주님께서는 "주는 그리스도시오 살아 계신 하나님의 아들"이심을 믿는 고백 위에 당신의 교회를 세워주시며, 음부의 권세가 교회를 이기지 못하게 하셨습니다.

가정과 교회는 하나님께서 이 땅에 세워주신 공동체로서, 하나님이 주인이시며 하나님의 섭리 가운데 이루어져야 평안을 누릴 수 있고 행복할 수가 있습니다. 그러나 사탄은 바로 이 공동체를 무너뜨리기 위하여 각종 유혹과 속임수와 대적으로 이간시켜서 무너지게 하고, 헤어지게 하여 와해시키려고 혈안이 되어 있어서, 우리는 이 두 공동체를 지키기 위해서 믿음의 노력을 해야 합니다.

1. 가정을 지키기 위해서 노력해야

반드시 예수님을 믿는 성도끼리 결혼을 해서 가정을 이루어야 합니다.

이 세상에는 하나님께 속한 자와 마귀에 속한 자의 두 부류로 구분이 됩니다. 요일 5:19에, "또 아는 것은 우리는 하나님께 속하고 온 세상은 악한 자 안에 처한 것"이라고 말씀하시며 영적으로 구분시켜 주셨습니다. 그리고 고후 6:15에서, "그리스도와 벨리알이 어찌 조화를 이루며 믿는자와 믿지 않는 자가 어찌 상관할 수 있느냐며" 강력하게 반대하셨습니다. 이것이 가정을 지키는 방법이요 만일, 결혼 이후에 어느 한쪽이 예수를 믿었다면 남은 가족 구원을 위하여 최선을 다해서 믿음의 가정 공동체를 이루어야만 합니다.

원수 마귀는 믿는 성도의 가정도 이간시켜서 허물려고 기회를 노리고 있으며, 더구나 온 가족이 믿지 않는 가정에서는 자신의 종인 불신자들을 충동하고 조종하며 믿는 가족을 핍박하고 가정이 구원받지 못하도록 이간합니다. 믿는 성도는 깨어 기도하며, 절대로 마귀에게 속지 않도록 영분별은 물론 가정공동체를 지키기 위해 이간당하거나 속지 낳도록 최선의 노력을 해야 합니다.

2. 교회를 지키기 위해서 노력해야

교회는 예수님을 믿는 하나님의 자녀들의 공동체로서 교회를 통해 복음전파와 영혼구원과 선교사역과 성도들의 양육을 하기에 중요한 공동체입니다. 그래서 성령께서 강림하신 후, 최초로 세우신 것이 교회로서 성경에 나타나는 여러 초대 교회와 요한계시록의 일곱 교회들이 세워지고, 또 복음전파와 함께 지구촌 전역에 세워진 게 바로 교회입니다.

교회는 주님의 몸이라고 하시며 교회의 머리가 예수님이라고 하셨으니 교회라는 공동체를 통해서 예수를 믿는 하나님의 자녀들이 함께 모여 예배를 드리고 천국에 갈 때까지 신앙을 유지하며 살아가는 공동체입니다.

그러나 원수 마귀는 교회를 무너뜨리기 위하여 성도 간의 이간을 일으

키고 또 목회자와 이간시키고 온갖 세상문화를 도입하게 하여 세속화시키며 교회를 와해시키려고 합니다. 그런가 하면 세상 불신자들의 공격과 안티 세력의 음해와 방해, 그리고 교묘하게 파고드는 타종교인들의 훼방과 계략 등 교회는 내외적으로 공격과 방해를 받고 있습니다.
그러므로 우리는 교회를 지키기 위하여 성도끼리 서로 사랑으로 뭉쳐있어야 하며 서로 용서하고 덮어주며 형제사랑으로 단단하게 띠를 띠고 있어야 합니다. 그런가하면 교회를 위해 늘 깨어 기도하며, 특히 사이비 이단 세력들이 침투하지 못하도록 영적 분별력으로 교회를 지키며, 하나님께서 기뻐하시는 사역을 감당해야 합니다.

| 결론 |

아름다운 동산에 포도원을 허는 작은 여우가 들어왔으니 그것을 잡으라고 하셨습니다. 이 아름다운 동산을 허물고 무너뜨리기 위하여 작은 여우가 침투했다는 것입니다.
이와 같이 가정과 교회 내에 작은 여우가 침투할 수 있으니 깨어 지키라고 하셨습니다. 우리는 이 두 공동체를 지키기 위해서 구성원끼리 사랑하며, 어떤 경우에도 이간되지 말고, 승리하여 하나님의 은혜가 넘치는 공동체가 되어야 할 것입니다.

| 공동기도 |

1. 가정 속에 혹시 작은 여우가 침투하고 있지는 않은지를 살펴보며 가정 공동체를 위해서 기도하자.
2. 섬기는 교회 속에 혹시 작은 여우가 침투하고 있지는 않은지를 살펴보며 교회 공동체를 위해서 기도하자.

20과. 감사 고백의 의미

찬송_ 460장(새 301장), 455장(새 370장)
본문_ 빌 4:4-7

"그리하면 모든 지각에 뛰어난 하나님의 평강이 그리스도 예수 안에서 너희 마음과 생각을 지키시리라."(빌 4:7)

예수님을 믿고 제일 먼저 입으로 고백되어지는 단어가 바로 '감사' 입니다. 예수님을 믿고 나니 내가 이 세상에 태어남도 감사요, 지금까지 건강하게 살아온 것도 감사요, 더구나 복음을 듣게 된 것도 감사요, 예수님을 믿어 구원받게 된 것도 감사요, 더 나아가 좋은 믿음의 식구를 만나 영적 생활을 하는 것도 감사요, 또 직분을 맡아 헌신할 수 있음도 감사임을 깨닫게 됩니다.

또한 가정이 있음도 감사요, 설령 육신에 질병이 있어도 더 심하지 않음이 감사요, 가난해도 화목한 게 감사요, 이렇게 감사할 수 있는 것이 감사입니다.

감사라는 단어는 think라는 영어에서 파생된 단어요, 이 말에는 빚진 자라는 의미도 있고, 자비를 베푼다는 의미를 포함하고 있으므로 우리는 감사함으로 감사할 조건을 더해 주시는 하나님의 은혜를 받아야겠습니다.

1. 깊이 생각하고 영원토록 기억한다는 의미

감사라는 고백은 은혜를 베푼 시혜자의 호의를 깊이 생각하며 영원토록 잊지 않고 꼭 기억하겠다는 마음의 결심으로 고백하는 표현입니다. 이것은 절대로 배은망덕하지 말아야 함을 의미합니다. 은혜는 선물이라는 뜻으로서 아무 조건이나 대가를 바라지 않고 받는, 시혜자의 선물로서 이것을 받는 사람에게서 바라는 것이 있다면 계속 잊지 않고 배은망덕하지 않는 것입니다. 그러므로 은혜를 받는 사람은 항상 감사의 고백으로 시혜자의 호의를 잊지 않음을 표현해야 합니다.

2. 빚을 졌다는 고백을 의미

호의를 베푼 사람은 아무 조건 없이 대가를 바라지 않고, 은혜를 베풀었지만 받는 사람은 절대로 거저 받았다고 생각을 하지 말아야 합니다. 호의를 베푼 사람은 자신의 것을 희생하며 은혜를 베풀었기에 받은 사람도 시혜자로부터 빚을 졌다고 생각을 해야, 그 가치를 귀하게 여기게 됩니다.
바울도 예수님의 은혜를 받고 나서 자신은 "헬라인이나 야만인이나 지혜 있는 자나 어리석은 자에게 다 내가 빚진 자라"고 고백하며 롬 8:12에는 "그러므로 형제들아 우리가 빚진 자로되 육신에게 져서 육신대로 살 것이 아니니라"고 말씀하고 있습니다. 빚을 지고 있다는 것은 은혜를 잊지 않고 있다는 의미로서 감사로 고백할 때마다 빚을 졌으니 그 빚을 반드시 갚겠다는 고백의 의지를 표현합니다.

3. 빚을 갚겠다는 고백을 의미

물론, 은혜는 거저 주고 받는 것으로서 은혜를 베푸는 분이 갚으라고 하지도 않고, 받으려고 하지도 않지만 은혜를 받은 사람은 자신이 받은 은혜의 빚을 다른 사람에게 같은 은혜를 베풀어 줌으로써 은혜의 빚을 갚게 됩니다. 그래서 바울도 자신이 받은 한량없는 하나님의 은혜를 다른 사람에게 전하고 나눠주기 위하여 십자가의 남은 고난을 자신의 육체에 담고, 일생을 전도자로서 살며 복음을 전한 것입니다.
우리가 탕감을 받았으면 우리도 내게 빚진 자가 있으면 탕감해줘야 마땅하고, 우리가 허물을 용서받았으면 남의 허물도 용서해 줘야 하는 것으로, 감사라는 고백 속에는 내게 빚진 자나 허물이 있는 자가 있다면 나도 아무 조건 없이 탕감해 주고, 용서해 주겠다는 의미로 해야 합니다.

| 결론 |

상대방의 은혜를 깊이 생각하고, 영원토록 기억하여 배은덕하지 않겠다는 고백과 상대방에게 빚을 졌다는 고백과 그 빚을 반드시 남을 위하여 갚겠다는 결심으로 해야 제대로 된 감사의 신앙이 됩니다.
이런 뜻을 알고 감사하여 삶의 실천을 하는 성도에게 하나님은 더 크신 은혜를 계속 베풀어 주셔서 크게 사용해 주십니다. 이제부터 이런 감사의 고백을 통해 더욱 하나님의 축복과 은혜가 더해지는 성도가 되시기를 축원합니다.

| 공동기도 |

1. 그동안 입으로만 감사한 것을 먼저 회개하자.
2. 하나님의 은혜와 나에게 은혜 베푼 이들을 생각하며 진심으로 감사하자.
3. 은혜 받은 자로서 나도 은혜를 베풀며 감사의 빚을 갚는 성도가 되도록 기도하자.

21과. 적극적인 믿음의 사람이 되라

찬송_ 399장(새 282장), 700장(새 358장)
본문_ 출 6:1-7

"너희를 내 백성으로 삼고 나는 너희의 하나님이 되리니 나는 애굽 사람의 무거운 짐 밑에서 너희를 빼낸 너희의 하나님 여호와인 줄 너희가 알지라."(출 6:7)

하나님께서는 믿음의 사람을 사용하셔서 주의 뜻을 이루어 나가셨습니다. 이 세상의 나라와 사회와 그 어떤 조직도 소수의 적극적인 사고를 가진 리더들에 의해 움직여집니다.

이스라엘 백성이 가나안을 정복하기 위하여 여리고 성을 점령해야 할 때, 하나님께서는 그들에게, 매일 아침마다 성 주위를 한 바퀴씩 돌고, 7일째 되는 날 아침에는 일곱 바퀴를 돌고, 제사장의 나팔소리에 맞춰 큰 소리로 외쳐 부르게 하셨습니다. 그렇게 하면 여리고 성벽이 무너져 내린다는 것이었습니다. 그래서 이스라엘 백성이 어쩔 수 없이 시키는 대로 성을 돌게 되고 마지막 날에 일곱 바퀴를 돌고 나서 큰 소리를 외칠 때, 그 단단한 성이 무너져 내려 정복하게 되었습니다.

하나님께서 하신 이 말씀은 정상적인 사고를 가진 사람 입장에서 볼 때, 너무 허무맹랑하고 믿어지지 않는 거짓말처럼 들렸을런지도 모릅니다. 그러나 이 말씀에 순종함으로 여리고 성을 정복한 것처럼, 우리 성도들도 믿음의 사람이 되고 적극적 사고의 사람이 되어, 하나님의 무너뜨려 주시는 은혜 가운데 살아야겠습니다.
그러면 여리고 성을 돌 때의 여러 가지 생각 중 세 가지만 추려내어, 하나님께서 기뻐하시는 적극적인 믿음의 사람이 되어야겠습니다.

1. 부정적인 사고를 가진 사람들

매일 아침마다 성을 돌고, 7일째 마지막 날에 일곱 번을 돌고, 소리를 크게 외치면 여리고 성이 무너질 것이라는 말을 듣고 이것을 곧이곧대로 받아들여 순종할 사람이 얼마나 되겠습니까? 그러나 이스라엘 백성은 혹 이런 생각이 들어도 할 수 없이 돌아야 하는데 그들의 마음이 얼마나 힘들었겠습니까?
수 6:10에, "여호와께서 백성에게 명하여 가로되 너희는 외치지 말며 너희 음성을 들레지 말며 너희 입에서 아무 말도 내지 말라."고 주의를 주셨으니, 이 말은 곧 불평과 원망의 말이었을 것입니다. 하나님의 말씀은 허망하게 들린다 할지라도 부정적 사고를 유산시키고 긍정적이고 적극적인 사로고 바꿔야 승리합니다.

2. 무관심과 방관하는 사람들

성을 이른 아침마다 한 바퀴씩 돌고, 7일째 되는 날은 일곱 바퀴를 돌고, 큰 소리로 외치라고 하는 말씀을 들은 사람 중에 그냥 성을 돌기는 하겠지만, 믿음이 없이 그냥 시키니까 아무 생각없이 도는 사람도 분명 있었을 것입니다. 어쩌면 남들이 다 돌기에 그곳에 남아 있을 수가 없어서 그냥 돌기만 하는 사람도 있었으리라 생각됩니다. 하지만 이렇게라도 돌았기에 여리고 성을 정복하는 데 참여하게 된 것입니다.

3. 하나님의 말씀을 믿고, 적극적으로 순종한 사람들

이들에게도 자신들의 이성적 판단으로는 너무 허무맹랑하게 들렸을 것입니다. 하지만 이 일을 이루시는 분은 그 동안 자신들을 위하여 홍해바다를 갈라 주시고, 광야에서 40년 동안 살게 하시고, 넘실거리는 요단강을 육지처럼 건너게 하신 전능하신 하나님이시기에, 이번에도 이 일을 이루어주실 줄 믿는 믿음으로 열심히 돌고, 또 마지막 순간에 믿음으로 소리를 외친 사람들이 있었을 것입니다.

하나님은 이런 믿음의 사람들의 순종 때문에 역사해주십니다. 우리는 이렇게 믿음으로 성을 도는 사람이 되어야겠습니다.

| 결론 |

우리는 신앙생활을 하는 중에 이 세 사람 중의 한 사람이 될 때가 있는데 반드시 적극적인 사고와 믿음으로 순종하는 성도가 되어야 합니다. 지금까지 하나님의 위대한 역사가 모두 이런 믿음의 사람들에 의해 이루어졌음을 믿고, 교회에서나 주의 사역 속에 적극적이고, 긍정적인 믿음의 사람이 되어 하나님의 위대한 역사를 경험하는 주인공이 되시기를 축원합니다.

| 공동기도 |

1. 각각 자신이 하나님 앞에서 어떤 사고의 사람인가를 생각하며, 만일, 첫째와 둘째라면 뜨겁게 회개하자.
2. 앞으로 하나님의 일을 할 때마다 적극적이고 긍정적인 믿음의 사람이 되어 위대한 역사의 주인공이 되기 위하여 기도하자.

22과. 핏값의 은혜를 잊지 말라

찬송_ 200장(새 266장), 204장(새 288장)
본문_ 고전 6:19-20

"너희는 너희 자신의 것이 아니라 값으로 산 것이 되었으니 그런즉 너희 몸으로 하나님께 영광을 돌리라."(고전 6:19중반-20)

은혜는 선물로 주는 것으로서, 은혜를 베푸는 사람은 자기희생으로 말미암아 사랑을 나눕니다. 이 은혜를 받은 사람은 그 은혜를 항상 기억하며 자신도 은혜를 베푸는 삶을 살아야 합니다. 우상과 가난으로 고통당하던 암울했던 민족에게 순교하며 복음을 전했던 선교사들의 은혜와 자유민주주의 국가를 지키려고 목숨을 바친 순국선열의 희생의 은혜에 감사하여 복음의 빚진 자로서 세계복음화에 앞장서야겠습니다.

1. 선교사들의 핏값의 은혜를 기억해야

조선 땅에 복음을 전하려고 목숨을 걸고 들어온 토머스 선교사와 언더우드, 아펜젤라 등등의 희생의 핏값의 은혜를 꼭 기억해야 합니다. 당시, 흑암과 같던 이 민족을 위해서 이 땅에 들어와 순교당하고 질병으로 고통당하며 가족까지 희생하며 오로지 이 땅에 예수 생명의 복음을 전했던 선교사들의 은혜와 6 · 25전쟁 후에도 완전 폐허가 된 한국 땅에 구호물자와 학교재건과 여러 가지 문화적 선교를 통해 이 나라의 복음화를 이룬 많은 선교사들의 은혜를 기억해야 합니다.
감사하게도 한국 교회에서는 지금 미국 다음으로 많은 선교사들을 세계 각처에 파송하며 특히 저개발국가에 들어가 영혼의 구원과 학교·의료·문화를 통해 복음의 빚을 갚고 있어서 얼마나 다행스러운지 모릅니다. 앞으로도 선교사들의 핏값에 빚진 자로서 계속해서 선교사적 사명을 감당함으로 하나님께 영광을 돌려야 합니다.

2. 대한민국을 지키려고 목숨 바친 순국선열들의 은혜를 기억해야

이 나라는 지난 1950년 6·25전쟁에서 수많은 국군과 세계 여러 나라에서 파견된 우방군인들의 희생의 핏값으로 지켜졌습니다. 당시에, 북한은 대한민국을 무력 침공하여 수많은 사람의 희생은 물론 온 국토를 폐허로 만들었었습니다. 나라를 수호하기 위해서 목숨을 걸고 참전해서 싸운 국군과 유엔 평화군의 피 흘린 희생의 대가로 오늘의 대한민국이 존재하게 되었고, 자유와 평화를 누리며 살고 있습니다.
만일, 그때 나라를 지키기 위해서 숭고한 희생의 피를 흘린 그들의 호국이 없었더라면, 이 나라는 공산화가 되고, 이 땅에 세워진 모든 교회가 사라지고 복음이 사라져 우리는 모두 하나님을 모르고 사망에 처하게 되었을 것입니다. 그러나 피 흘려 희생한 순국선열들이 있었기에 우리가 이렇게 자유롭게 신앙생활을 하며 복음의 꽃을 피우고 있습니다. 우리는 절대로 이들의 희생을 잊어서는 안 됩니다.

3. 믿음의 유산을 물려주려고 희생한 선진들의 은혜를 기억해야

한국 교회를 지키려고 하나님의 부르심에 순종하며, 교회를 섬기며, 기도하며 전도했던 목회자들과 교역자들과 믿음의 부모님들의 은혜를 기억해야 합니다. 끼니를 잇기 어려울 정도로 가난했던 시절에 목회자가 되어 한국 교회를 섬겼던 많은 목사님들의 희생과 전도자들의 헌신, 그리고 허리를 졸라매면서까지 교회를 섬기고 자녀들에게 철저한 믿음의 유산을 물려준 믿음의 선대들이 있었기에 오늘의 한국교회가 존재하게 되었습니다. 한국 교회는 이 모든 영광을 하나님께 드리며, 우리도 이런 믿음의 선배가 되기 위하여 철저하게 노력해야 합니다.

| 결론 |

오늘, 우리나라의 복음화와 경제 발전은 바로 이런 선진들의 희생이 있었기에 가능했습니다. 우리는 복음을 전하며 순교했던 선교사들의 은혜를 잊지 말고, 세계 선교사적 사명을 감당해야 합니다.

또한 나라를 지키기 위하여 희생한 순국선열의 은혜를 기억하여 이 나라의 자유 민주주의의 수호를 위하여 노력해야 하며 또한 믿음의 선진들이 되어 후손들에게 복음을 물려주어야 합니다.

| 공동기도 |

1. **순교로 복음을 전했던 선교사들의 은혜를 기억하고, 우리도 이런 사명을 감당하기 위해서 기도하자.**
2. **나라를 지키려고 희생한 많은 순국선열들의 은혜를 기억하고, 이 나라의 수호를 위해서 기도하자.**
3. **복음을 지키고 전하며 애썼던 믿음의 선진들의 은혜를 기억하고, 우리도 믿음의 선진들이 되도록 기도하자.**

23과. 선택된 성도의 사명

찬송_ 260장(새 496장), 259장(새 502장)
본문_ 렘 1:4-9

"여호와께서 내게 이르시되 너는 아이라 말하지 말고 내가 너를 누구에게 보내든지 너는 가며 내가 네게 무엇을 명령하든지 너는 말할지니라."(렘 1:7)

우리가 하나님의 자녀가 된 것은 특별한 하나님의 은혜로서 우리의 귀에 전도자들이 전한 복음이 들려진 것입니다. 지금도 지구상에서 복음을 듣지 못하고 지옥으로 향하고 있는 많은 사람이 있음을 볼 때 복음을 들은 우리는 하나님의 선택에 의한 은혜를 받은 자입니다.
그래서 롬 10:14에, "그런즉 저희가 믿지 아니하는 이를 어찌 부르리요 듣지 못한 이를 어찌 믿으리요 전파하는 자가 없이 어찌 들으리요" 하시며 15절에, "보내심을 받지 아니하였으면 어찌 전파하리요. 기록된바 아름답도다 좋은 소식을 전하는 자들의 발이여 함과 같으니라"고 하셨습니다.

1. 하나님은 복음전파의 사명을 주심

우상으로 패역해진 유대에 가서 복음을 전하라고 하나님께서 예레미야를 불러 사명을 주셨습니다. 하나님께서는 하나님 일을 하실 때 사용하실 일꾼을 택하여 사명을 주심을 알 수가 있습니다. 모세를 세우셔서 사용하시고, 여호수아를 세우셔서 가나안에 들어가게 하시고, 여러 사사들을 세우셔서 이스라엘 백성을 구원하셨음을 알 수 있습니다.
예수님의 초림 전까지는 이렇게 택하시는 하나님의 은혜를 따라 부르심을 입었지만 이 땅에 오신 예수님께서는 열두 제자를 부르시면서 천국복음을 전파하라는 사명을 주시고 70인의 제자들에게도 사명을 주시고 예수를 믿는 모든 이들에게 온 천하에 다니며 만민에게 복음을 전파할 사명을 주셨기에, 감사하며 순종해야 합니다.

2. 하나님은 복음전파의 능력을 주심

부르심을 받은 예레미야가 '나는 아이라 말할 줄을 알지 못한다' 고 하나님께 말하자. 여호와께서는 "너는 아이라 말하지 말고 내가 너를 누구에게 보내든지 너는 가며 내가 네게 무엇을 명령하든지 너는 말할지니라" 하시며 용기를 주셨습니다.
모세도 하나님의 부르심에 "주여, 나는 본래 말에 능치 못하고 입도 뻣뻣하고 혀가 둔한 자"라고 할 때, 출 4:11-12에 "여호와께서 그에게 이르시되 누가 사람의 입을 지었느뇨 누가 벙어리나 귀머거리나 눈 밝은 자나 소경이 되게 하였느뇨 나 여호와가 아니뇨 이제 가라 내가 네 입과 함께 있어서 할 말을 가르치리라"고 하시며 용기를 주셨습니다.
하나님께서는 부르신 자들에게 반드시 전파할 수 있는 능력을 주셔서 말하게 하시니 담대함으로 나아가야 합니다.

3. 순종하는 자에게 성령께서 함께 하심

하나님은 부르심을 입은 자들에게 복음전파의 능력을 주시려고 보혜사 성령을 보내 주셨습니다. 성령님은 복음전파자를 가르치셔서 생각나게 하셔서 말씀을 전하게 하십니다. 그리고 그때, 그때마다 그 상황에 필요한 말씀을 전할 수 있도록 순간, 순간 지혜를 주셔서 복음을 전하게 하여 주십니다. 복음을 전파할 때는 조금도 염려하지 말고, 담대하게 성령님만을 의지하여 성령께서 말씀하시도록 전적으로 맡겨야 합니다.

| 결론 |

하나님께서는 어느 시대나 필요한 영혼들을 구원하시기 위하여 복음을 전파할 수 있는 사람들을 택하여 사명을 주셔서 영혼을 구원하십니다. 그래서 하나님께서는 복음전파자를 세우셔서 보내시며 선포케 하신다는 사실을 믿고 순종하셔서 쓰임 받으시기 바랍니다.

복음전파의 사명은 구원받은 자녀의 마땅한 도리로서 천사들도 흠모하는 아름다운 사명입니다. 이 사명 감당을 통해서 예수 그리스도의 희생의 은혜가 헛되지 않고, 영원 전부터 모든 사람이 회개하고 구원받기를 원하시는 하나님의 뜻을 이루어드리게 됩니다. 그러므로 전도에 적극 순종하여 하나님을 기쁘시게 해 드리는 사명자로 승리하시기를 축원합니다.

| 공동기도 |

1. 나 자신이 하나님으로부터 복음전파자로서의 택함을 받았음을 감사하며 사명 감당을 위해서 기도하자.
2. 복음을 전할 때 오직 성령의 도우심으로 그때, 그때 생각나게 해 달라고 기도하자.
3. 우리의 마음이 늘 복음전파의 사명으로 불타게 해달라고 기도하자.

24과. 입술의 열매를 짓는 하나님

찬송_ 260장(새 496장), 259장(새 502장)
본문_ 사 57:18-21

"입술의 열매를 창조하는 자 여호와가 말하노라 먼 데 있는 자에게든지 가까운 데 있는 자에게든지 평강이 있을지어다 평강이 있을지어다 내가 그를 고치리라 하셨느니라."(사 57:19)

하나님은 우리와 믿음으로 관계를 맺으시는데 그 믿음은 마음속에서 결정되는 생각입니다. 믿음은 마음속의 결심을 행동으로 나타낸 것이라고 할 수 있습니다. 그래서 구약에 이스라엘 백성들에게 주신 십계명도 하나님을 믿으라고 주시며 그 믿음을 계명의 행함을 통해 나타내라고 주셨으니 계명은 행함의 법이었습니다.
롬 10:9-10에 "네가 만일 네 입으로 예수를 주로 시인하여 또 하나님께서 그를 죽은 자 가운데서 살리신 것을 네 마음에 믿으면 구원을 얻으리니 사람이 마음속으로 믿어 의에 이르고 입으로 시인하여 구원에 이르느니라."고 하셨습니다.

1. 입술로 시인하는 고백을 해야

예수로 구원받는 것도 마음으로만 믿어서 되는 것이 아니고 그 믿음을 입술로 시인해야 합니다. 마음으로만 믿고 입술로 시인하지 않는 믿음을 온전하지 않다는 것입니다. 마음으로 믿었으면 어느 누구에게나, 어떤 상황 속에서도 떳떳하고 당당하게 자신이 예수 믿는 사람임을 고백하라는 것입니다.

구원받은 믿음은 적어도 자신의 입술로 예수 그리스도를 구주로 시인하는 행함을 통해 이루어집니다. 우리 마음속의 생각을 입술로 고백할 때 하나님께서는 우리 생각의 믿음을 그 고백대로 인정해 주시겠다는 것입니다. 본문 중 19절에, "입술의 열매를 짓는 나 여호와가 말하노라" 하시며 "먼데 있는 자에게든지 가까운데 있는 자에게든지 평강이 있을지어다 평강이 있을지어다 내가 그를 고치리라 하셨느니라" 고 하신 것처럼 여호와 하나님은 우리 입술의 열매를 그대로 맺어 주시겠다는 것입니다. 그러므로 성도는 입술의 고백을 잘해야겠습니다.

2. 항상 믿음의 고백을 해야

예수님께서는 귀신 들린 아들의 아비가 '할 수 있거든 고쳐달라' 고 간구하자, "할 수 있거든이 무슨 말이냐, 믿는 자에겐 능치 못함이 없느니라"고 막 9:23에 단호하게 말씀하시며, 빌 4:13에는 내게 능력 주시는 자 안에서 내가 모든 것을 할 수 있다고 하셨습니다.

성도는 우리의 주님이신 예수 그리스도 안에서 무엇이든지 할 수 있음을 강력하게 입술로 선포해야 합니다. 예수님께서 소경 바디매오를 부르신 후 "네게 무엇을 하여 주기를 원하느냐" 물으셨을 때 그는 단호하게 "선생님이여 보기를 원하나이다"라고 고백하여 구원받고 눈을 뜨게 되었습니다. 우리는 절대로 환경을 보면 안 됩니다.

믿음으로 기도했으면 이루어진 줄을 믿음으로 고백해야 주께서 그 고백대로 이루어 주십니다. 마귀는 자꾸 불신의 고백을 하도록 환경을 나쁘게 하지만 우린 절대로 속으면 안 됩니다. 끝까지 믿음으로 고백해야 합니다.

3. 항상 긍정적인 고백을 해야

가나안 땅을 정탐한 열두 명 중 여호수아와 갈렙은 긍정적인 고백을 했고, 나머지 열 명은 부정적인 고백을 하여 여호수아와 갈렙은 가나안에 들어가고 나머지는 광야에서 죽고 말았습니다. 물론 열두 명 모두 동일한 환경을 보았지만 누가 더 믿음으로 긍정적인 고백을 하느냐에 따라 죽고 사는 것이 결정됨을 잘 알아야 합니다.
그러므로 성도는 무슨 일을 만나도 안 된다, 불가능하다, 힘들다, 어렵다, 이젠 끝이다, 죽겠다 등등의 부정적인 고백을 절대로 하지 말고, 항상 믿음으로 긍정적인 고백을 해야 하나님께서 그 입술의 열매를 맺어 주십니다.

| 결론 |

이제, 우리는 오늘 말씀을 통해서 하나님께서는 우리 마음속의 믿음을 우리 입술의 고백으로 인정하고 그 고백대로 이루어 주신다는 것을 알았으니 앞으로 무슨 일을 만나도 믿음으로 고백하는 성도가 됩시다. 불신과 부정적인 고백은 마귀의 산물이요 믿음과 긍정적인 고백은 성령의 산물임을 믿고 끝까지 믿음으로 고백해서 항상 믿음의 열매를 맺는 성도가 되시기를 축원합니다.

– | 공동기도 |

1. 그동안의 우리 입술의 고백에 불신앙이 있었다면 회개하자.

2. 끝까지 믿음의 고백, 긍정적인 고백을 하는 성도가 되도록 기도하자.

25과. 천국 본향을 향해 달려가라

찬송_ 389장(새 351장), 544장(새 492장)
본문_ 고전 3:10-15

"내게 주신 하나님의 은혜를 따라 내가 지혜로운 건축자와 같이 터를 닦아 두매 다른 이가 그 위에 세우나 그러나 각각 어떻게 그 위에 세울까를 조심할지니라."(고전 3:10)

천국은 실제로 존재하는 영적 세계로서, 이 땅에서 예수 그리스도를 믿은 사람들이 영원토록 살아야 할 나라입니다. 하나님은 천국을 만드시고, 천국에 살 수 있는 영적 존재를 만드셨으니, 곧 천사들과 하나님의 뜻대로 산 사람들입니다. 그러나 천국에서의 신분과 삶의 위치를 구별해 놓으시고 그 나라에서의 삶을 위해서 이 세상에 사는 동안 준비를 하게 하셨음을 알아야 합니다.

1. 천국에서의 삶을 준비해야

우리는 이 땅에서의 삶에 목적을 두어서는 안 되고, 본향인 천국의 삶을 위해 준비해야 합니다. 성도는 예수 그리스도의 터 위에 각각 집을 짓는 자와 같다고 하셨습니다. 그런가 하면 나중에 천국에서 성도들이 써야 할 여러 가지 면류관, 즉 생명의 면류관, 의의 면류관, 영광의 면류관, 썩지 않는 면류관 등도 있음을 알고 이 땅에서 사는 동안 천국의 삶을 준비하기 위해서 노력해야겠습니다.

2. 우리가 거해야 할 천국 처소의 터는 예수 그리스도

이 세상에 태어난 모든 사람들은 육체의 삶이 기회요 찬스임을 알아야 합니다. 어떤 기회인가 하면, 나중에 이 세상을 떠난 우리의 영혼의 처소를 결정해야 하는 기회입니다. 우리의 모든 죄를 대속해 주신 예수 그리스도의 은혜를 믿는 자는 천국에서 영원한 삶의 자격을 얻게 되기에 우리는 마음을 다하고 목숨을 다하고 뜻을 다하여 예수 그리스도를 믿어야 천국에 들어가게 됩니다.

그러므로 우리는 이 세상에 살면서 혹 어떤 핍박과 환난이 오거나 또 어떤 세상 유혹이 있다 해도 절대로 예수 그리스도의 이름을 믿는 믿음을 포기하거나 빼앗기면 안 됩니다. 이 세상은 죄악이 관영하고 원수 마귀가 우는 사자같이 삼킬 자를 찾고 있기에 정신을 바짝 차리고 천국에 들어가는 그 최후 순간까지 예수 이름을 믿고 살아가야만 승리하게 됩니다.

3. 예수를 믿은 후에는 천국의 삶을 위해 최선을 다해 노력해야

불신에 있을 때는 무슨 희생이 있어도 예수님을 믿어 천국으로 입성할 자격을 획득해야 합니다. 그리고 천국 입성 자격을 얻은 우리는, 이제 천국의 삶의 위치를 확보하기 위하여 하나님의 뜻대로 세월을 아끼며 열심히 노력해야 합니다. 예수님의 핏값으로 이 땅에 세워주신 교회를 잘 섬기며 직분을 받아서 성실하게 헌신을 해야 합니다.

때를 얻든지 못 얻든지 복음전파와 중보기도, 그리고 영혼구원과 성도 사랑을 위하여 노력해야 합니다. 그리고 교회에서 하는 모든 행사에 적극적인 참여와 협력으로 교회의 부흥과 하나님 나라의 확장을 위하여 수고해야 합니다.

하나님께서는 요삼 1:3-4에 말씀하신 것처럼, "형제들이 와서 네게 있는 진리를 증거하되 네가 진리 안에서 행한다 하니 내가 심히 기뻐하노라." 하시며 이어서, "내가 내 자녀들이 진리 안에서 행한다 함을 듣는 것보다 더 즐거움이 없다"고 하셨습니다. 이렇게 열심히 하여 교회를 섬기며 하나님을 기쁘게 해드리면 천국에서 금이나 은이나 보석 같은 면류관을 쓰고 하나님께 영광을 돌리는 것입니다.

| 결론 |

성도의 궁극적인 믿음의 목적은 천국이요, 또한 천국에서 받을 면류관을 예비하는 것입니다. 예수를 믿고 천국에 들어간 것에 만족하거나 머물지 말고 열심히 교회를 섬기며 하나님께서 기뻐하시는 일들을 많이 하며 육체의 세월을 살아야 이 땅에서 인생의 승리자가 되는 것임을 알고 천국 본향을 향해 달려가는 성도가 되시기를 축원합니다.

| 공동기도 |

1. 예수 믿은 것에만 만족하고 천국의 삶을 준비하지 않았다면 회개하자.

2. 천국의 삶의 위치와 면류관을 위하여 믿음으로 노력하며 달려가는 성도가 되도록 기도하자.

26과. 천국을 침노하라

찬송_ 544장(새 492장), 221장(새 246장)
본문_ 마 11:7-12

"세례 요한의 때부터 지금까지 천국은 침노를 당하나니 침노하는 자는 빼앗느니라."(마 11:12)

세례 요한은 말라기 선지자 이후 약 400년 후에 태어난 마지막 선지자로서 예수님보다 6개월 먼저 하나님에 의해 보냄을 받았습니다. 그는 이 땅에 오시는 메시아, 즉 예수님이 오셨음을 세상에 알리는 사명으로 태어나 광야의 외치는 소리가 되어 회개하라. 천국이 가까이 왔음을 선포했습니다.

그래서 많은 사람들이 세례 요한의 제자가 되어 따르게 되면서 사람들 사이에 세례 요한과 예수님을 비교하는 일이 생기게 되었습니다. 그래서 예수님께서는 마 11:11에, "여자가 낳은 자 중에 세례 요한보다 큰 이가 일어남이 없도다. 그러나 천국에서는 지극히 작은 자라도 저보다 크니라."고 하셨습니다.

우리는 왜 예수님께서 이런 말씀을 하시며 천국을 침노하라고 하셨는가를 잘 깨닫고 하나님의 뜻대로 사는 성도가 되어야겠습니다.

1. 예수님이 이 땅에 오시기 전에 태어난 모든 사람은 여자가 낳은 자

이 세상에 여자의 태를 거치지 않고, 태어난 사람은 아무도 없습니다. 구약시대에 믿음이 좋았던 노아나 아브라함과 요셉, 모세와 다윗, 그리고 많은 선지자들도 여자가 낳은 자입니다. 이들이 예수님의 공로로 구원을 받았다 할지라도 여자가 낳은 자로서 하나님을 아버지라 부를 수 없는 하나님의 백성 된 신분입니다.
이들은 천국에서도 백성 된 신분으로서의 대우을 받고 영생하게 됩니다. 이들은 예수님을 본 적이 없지만 세례 요한은 예수님을 본 마지막 선지자이기에 여자가 낳은 자 중에 세례 요한보다 큰 이가 없다고 하셨습니다.

2. 예수님을 믿어서 구원받은 사람들은 하나님께서 낳은 자들

이 땅에 오신 하나님의 아들 예수 그리스도의 은혜를 믿은 모든 사람들은 그 순간부터 하나님을 아바 아버지라 부르는 하나님의 자녀로 거듭 태어난 하나님에 의해 낳은 자가 됩니다. 우리들은 이 땅에서도 하나님의 자녀의 신분이요 천국에서도 하나님의 자녀라는 영적 신분으로 영원히 살기에 여자가 낳은 자와 세례 요한보다도 더 귀한 신분으로 구원을 받게 됨을 말씀하시며 우리들에게 천국을 침노할 수 있는 특별한 은혜를 주신 것입니다.

3. 자녀들은 천국을 침노할 수 있다

이 말씀은 하나님의 자녀들이 천국의 유업을 얼마든지 물려받을 수 있음을 의미합니다. 누구든지 하나님의 뜻대로 열심히 살면 천국의 상급을 무한대로 받을 수 있음을 말씀한 것입니다. 이 세상은 정해진 자리와 자신의 목표를 달성하기 위하여 노력하여 성취하면 상대적으로 나 때문에 피해를 보는 상대가 생기게 됩니다.
그래서 이 세상의 것을 위하여 침노하는 것은 또 다른 피해자를 만들기에 그리 바람직하지 않습니다. 그러나 천국에서의 보화나 상급은 무한대로 예비되어 있기에, 하나님의 자녀로서 아무리 천국의 것을 위하여 공격적으로 침노를 해도 다른 이에게 피해를 입히지 않기 때문에, 천국을 향해 침노하는 자가 성취할 수 있다고 말씀하신 것입니다.

| 결론 |

천국의 상급과 면류관은 하나님의 자녀들을 위하여 예비된 것으로서 성도는 이 땅에 사는 동안 예수님의 몸인 교회를 잘 섬기며 헌신하여 천국의 상급을 준비해야 합니다. 내가 아무리 전도를 많이 하고 기도하고 충성 헌신한다고 해도 절대로 나 때문에 다른 성도가 피해를 입지 않습니다.
천국의 상급은 무한대로 예비되었기에 누구나 일한 대로 하나님께서 갚아 주시기 때문입니다. 그러므로 우리 모두 천국을 침노하는 자가 되어 하늘의 상급을 소유하는 하나님의 자녀가 됩시다. 할렐루야.

| 공동기도 |

1. 하나님의 자녀로서의 은혜 받은 자임을 감사하자.
2. 지금부터 열심히 교회를 섬기며 헌신할 것을 다짐하자.
3. 천국을 침노하는 성도가 되도록 기도하자.

3학기

27과. 이런 교회가 되자

찬송_ 202장(새 268장), 427장(새 191장)
본문_ 마 16:13-20

"또 내가 네게 이르노니 너는 베드로라 내가 이 반석 위에 내 교회를 세우리니 음부의 권세가 이기지 못하리라."(마 16:18)

하나님께서는 창세 전부터 이 세상에 독생자를 보내셔서 예수님을 믿는 사람들을 구원하시려고 교회를 세우시고, 또 그 교회를 통해 많은 영혼을 구원하시려는 뜻을 세우셨습니다. 그래서 에덴동산과 노아시대의 방주와 법궤를 모신 광야교회를 세워 그 뜻을 미리 보여 주시더니, 솔로몬 때 예루살렘 성전을 세우셔서 하나님의 이름을 두셨습니다.

이 땅에 오신 예수님께서는 예루살렘 성전을 헐라고 하시며, 이 성전은 내 몸을 가리켜 말씀하신 것이라고 요 2:21에 말씀하셨습니다. 하나님의 보좌에 오르신 예수님께서는 보혜사 성령을 보내주셔서 교회를 세워 주시고, 교회를 통해 하나님의 일을 하라고 하셨습니다.

그러므로 우리가 교회요 또 믿는 우리들의 공동체가 교회니, 우리 각자가 하나님께서 원하시는 교회가 되도록 믿음으로 달려가야 합니다.

1. 살아 계신 하나님의 교회가 되어야

성령께서 계 3장의 사데교회를 가리켜 "네가 살았다 하는 이름을 가졌으나 죽은 자"라고 책망하신 것을 보더라도, 우리는 예수님을 믿으면서도 살아 계신 하나님을 체험하지 못하고 그냥 관념적 믿음과 지식과 이론과 교리 중심에 치우친 나머지 어제나 오늘이나 영원토록 살아 계신 하나님을 체험하지 못하는 믿음을 가질 수도 있습니다. 그러므로 살아 계신 하나님을 믿고, 하나님의 말씀을 그대로 믿고 순종하여 말씀으로 역사하시는 살아계신 하나님을 생활 속에서 늘 경험해야 합니다.

2. 예수의 증인된 교회가 되어야

예수님은 그리스도요 살아 계신 하나님의 아들로서 자기 백성을 저희 죄에서 구원하려고 오신 구원자이십니다. 예수님은 인간을 죄와 각종 저주에서 구원하시려고 우리의 가난을 대신 짊어 지셨으며(고후 8:9) 채찍에 맞으셔서 우리의 질병을 대신 감당해주셨습니다(벧전 2:24), 그리고 십자가를 지심으로 우리의 모든 저주를 모두 담당해 주시고(갈 3:13) 피 흘려 죽어 주심으로 우리의 모든 죄를 대속하셨습니다.(요일1:17)
예수님의 고난이 바로 우리 자신을 위해 당하신 것을 믿고, 예수님의 공로를 의지하여 구원은 물론 병 고침과 부요함과 자유를 누리기 위해 믿음으로 순종하며 경험하여, 예수님의 이런 고난이 정말 나를 위해서 받으셨음을 전하는 적극적인 성도와 교회가 되어야 합니다.

3. 성령께서 일하시는 교회가 되어야

인자로 오셔서 하나님의 뜻을 이루신 예수님께서는 아버지께로 가셔서 예수의 이름으로 성령을 보내주시기로 약속하시고, 오순절에 약속대로 보혜사 성령을 보내주셔서 권능으로 예수의 증인이 되도록 하셨습니다. 성도는 모두 성령의 사람이 되어 성령의 권능으로 예수 그리스도를 전하는 증인으로서의 삶을 살아야 합니다.

4. 사랑으로 섬기는 교회가 되어야

하나님의 사랑으로 독생자가 오시고 또 그 사랑으로 우리가 구원을 받았기에, 성도는 이러한 하나님의 사랑으로 교회를 섬기고 형제를 섬기며 충성하고 헌신해야 합니다. 믿음, 소망, 사랑, 이 세 가지는 항상 있을진대 그 제일은 사랑이라고 하셨으니, 전도할 때나 중보기도 할 때, 충성할 때도 사랑하는 마음으로 순종해야 합니다. 사랑으로 섬기는 모든 믿음의 행위를 하나님께서 기쁨으로 흠향해 주십니다.

| 결론 |

이 땅에 세워 주신 교회는 예수님의 몸이시고 또한 교회의 머리는 예수님이시고 교회는 하나님의 집이기에, 교회를 사랑하고 또 교회를 섬기고 교회를 통해 영혼을 구원하고 충성하는 사람이 결국 이 땅에서 최고로 승리하는 사람이 됨을 명심하고, 각자가 이런 교회가 되고, 섬기는 공동체가 이런 교회가 되도록 최선을 다하시기를 축원합니다.

– | 공동기도 |

1. 살아 계신 하나님의 교회가 되도록 기도하자.

2. 예수의 증인된 교회가 되도록 기도하자.

3. 성령께서 일하시는 교회가 되도록 기도하자.

4. 사랑으로 섬기는 교회가 되도록 기도하자.

28과. 예수님께서 오신 목적

찬송_ 205장(새 287장), 411장(새 563장)
본문_ 요 3:16-18

"하나님이 세상을 이처럼 사랑하사 독생자를 주셨으니 이는 그를 믿는 자마다 멸망하지 않고 영생을 얻게 하려 하심이라."(요 3:16)

우리가 전도할 때, 예수님을 믿으면 천국에 가고 믿지 않으면 지옥에 가게 된다고 말하면, 어떤 사람은 하나님은 사랑이라고 하면서 왜 지옥을 만들어 놓고 믿지 않는다고 그런 곳에 보낼 수 있느냐며 항의하는 말을 하기도 합니다.

그러나 이것은 예수님을 이 땅에 보내신 하나님의 뜻을 오해하여 묻는 것입니다. 그래서 예수 믿는 우리가 이런 오해를 사지 않도록 잘 설명해 줄 필요가 있습니다.

하나님께서 이 세상에 아들을 보내신 것은 두 가지 사역을 감당하기 위함으로써 바로 심판주와 구원자로서 보내신 것입니다. 이 사역은 대상이 다른 것으로서 심판주로 오심은 죄와 마귀를 심판하시기 위함이요, 구원자로 오심은 죄인 되었던 인간들을 구원하심이셨습니다. 그러므로 우리는 불필요한 오해를 사지 않도록 다음과 같이 전도를 잘해야 합니다.

1. 심판주로 오신 예수님(요 5:39)

이것은 첫 범죄자 마귀를 심판하시기 위함이요, 또한 마귀 밑에서 죽기를 무서워하는 인간들을 구원하시기 위하여 먼저 심판해야 할 대상이기에 심판주로 오신 것입니다. 마귀는 사망의 세력을 잡은 자요 어둠의 주관주요 첫 범죄자요 거짓의 아비로서 피조물 중 가장 먼저 하나님을 대적하여 범죄한 죄의 아비입니다.

하나님께서 예수님을 심판주로 보내신 것은 인간을 심판하려 하심이 아니고, 첫 범죄자 마귀를 심판하시기 위함이셨습니다. 지옥은 믿지 않는 자들을 형벌할 목적으로 만드신 것이 아니고, 첫 범죄자 마귀와 그 사자들을 위하여 예비 된 곳이라고 마 25:41에 말씀하셨습니다.

이 땅에 오신 예수님께서는 사망권세를 파하시고 약속대로 사흘 만에 사망권세를 파하시고 부활하셔서 사망의 세력을 잡은 원수 마귀를 심판하신 것입니다. 그러므로 성도는 죄의 아비 원수 마귀가 예수님으로부터 확실하게 심판 받았음을 믿고 강하고 담대하게 나아가야 합니다.

2. 구원자로 오신 예수님

예수님이 이 땅에 오신 목적은 예수를 안 믿는다고 지옥으로 보내려고 오신 것이 아니고, 이미 마귀에게 속아 마귀의 종 노릇 하며 허물로 죽었던 죄인들을 구원하기 위하여 오셨습니다. 이미 하나님의 말씀을 불순종하여 마귀와 함께 사망에 처한 죄인들을 되와 사망과 저주에서 건져내기 위해서 오신 것입니다.

절대로 잘 있는 인간들을 믿지 않는다는 이유로 지옥에 보내려고 오신 것이 아님을 알아야 합니다. 저를 믿는 자는 심판을 받지 아니하는 것이요 믿지 아니하는 자는 하나님의 독생자의 이름을 믿지 아니함으로 벌써 심판을 받은 것이라고 하신 것입니다.

| 결론 |

우리나라에서도 대통령이 경축일에 죄인을 사면하기 위한 특별사면을 법적으로 선포하여 죄를 용서하여 감옥에서 풀어주기도 하고, 전과를 삭제해 주기도 합니다. 특별사면법의 목적은 이미 죄 짓고 재판이 끝나 형이 집행 중인 죄인들을 죄와 감옥에서 건져내게 하는 구원법으로서 죄인들에게는 일생일대의 축복의 소식입니다.

바로 예수님이 이 땅에 오셔서 죄인 되었던 인간들을 구원하시는 그 복음이 최고의 축복의 소식입니다. 그러므로 이 구원의 복음을 듣고 믿으면 누구든지 그때부터 하나님의 자녀로서 축복된 삶을 살 수 있으니, 이 복된 소식을 적극 전하여 죄인을 구원하는 성도가 됩시다.

| 공동기도 |

1. 말씀을 묵상하면서 이 땅에 오신 예수님의 목적을 위하여 기도하며, 이 목적대로 살기 위해서 기도하자.
2. 불쌍한 영혼들에게 복음의 기쁜 소식을 전하며 살게 해 달라고 기도하자.

29과. 주는 자의 복

찬송_ 493장(새 436장), 544장(새 492장)
본문_ 눅 6:38

"주라 그리하면 너희에게 줄 것이니 곧 후히 되어 누르고 흔들어 넘치도록 하여 너희에게 안겨 주리라 너희가 헤아리는 그 헤아림으로 너희도 헤아림을 도로 받을 것이니라."(눅 6:38)

기독교 신앙은 나눔의 신앙입니다. 하나님께서 독생자를 이 세상에 보내주셔서 우리를 위하여 온갖 고난을 받으시고 살과 피를 나누어 주셨습니다. 아담을 위해서는 에덴동산을 만들어 주시고 또한 동산의 각종나무의 실과를 거저먹도록 주시며 선악을 알게 하는 나무의 실과는 따먹지 말라는 말씀의 양식도 주셨습니다.
아담이 말씀의 양식에 불순종하여 영원한 죄와 사망에 빠졌지만 하나님께서는 이스라엘 백성을 택하여 계명을 주셔서 죄인임을 깨닫게 하시고, 우리를 구원하시기 위해 독생자를 보내 주셨습니다. 그리고 보혜사 성령을 보내 주셔서 성령의 사람이 되어 예수의 증인으로 살아가게 하시며 우리의 본향인 천국까지 준비해 주셨습니다.

1. 하나님의 사랑과 예수님의 은혜를 나누어야

성령께서 오신 목적이 이 땅에서 예수 그리스도의 증인이 되게 하시는 것이었기에 오늘날, 예수를 믿어 구원받은 자녀들은 주변의 믿지 않는 자들을 향해 예수 그리스도의 은혜를 적극적으로 나눠줘야 합니다. 하나님께서 독생자를 이 세상에 보내어 우리를 위하여 주신 것은 이 세상에 독생자의 은혜가 필요하기 때문에 보내 주셨음을 깨닫고, 주변에 예수님의 이름과 은혜를 나눠주어 죽기를 무서워하여 마귀에게 종노릇하는 모든 자들을 자유와 구원과 행복의 길로 인도해야 합니다.
그래서 단 12:3에 "지혜 있는 자는 궁창의 빛과 같이 빛날 것이요 많은 사람을 옳은 데로 돌아오게 한 자는 별과 같이 영원토록 비취게 된다"고 하셨으니 예수님의 은혜를 나누어주어야 합니다.

2. 내게 주신 복을 필요한 사람들에게 나누어야

어떤 사람은 자신은 지금 남에게 나눠줄 게 없다고 불평을 하기도 합니다. 그러나 이런 사람은 매사에 부족한 것만 생각하는 사람으로서 항상 없는 것만 생각하기에 그런 말을 합니다. 그러나 마음을 돌이켜 지금 내게 없는 것을 생각하지 말고, 지금 내게 있는 것과 남은 것이 무엇인가를 생각하면 의외로 많은 것이 남아 있음을 깨닫게 됩니다.
이제, 내게 주어진 것들을 필요한 사람에게 나누기 시작할 때부터 후히 주시는 하나님의 축복하심을 경험하게 됩니다. 사랑도 주고 위로와 격려, 그리고 용기를 주고, 지식도 주고 지혜도 주며, 때로는 재능도 나누는 삶을 살 때에 자신도 모르는 사이에 채워 주시는 하나님의 은혜를 경험하게 되고 따라서 더 큰 나눔의 삶을 살아가게 됩니다.

3. 절대로 남에게 해로운 것을 주어서는 안 됨

하나님은 주시는 분으로서, 이 사랑을 받은 우리는 당연히 하나님의 뜻대로 나누는 삶을 살아야 합니다. "주라, 그리하면 너희에게 줄 것이니 곧 후히 되어 누르고 흔들어 넘치도록 하여 너희에게 안겨 주리라. 너희는 헤아리는 그 헤아림으로 너희도 헤아림을 도로 받을 것이니라"는 예수님의 말씀에 순종하여 주는 자의 삶을 살아야겠습니다.

우리가 만일 남에게 나쁜 것을 나눠준다면 하나님은 그 나쁜 것을 후하게 가슴에 안겨줄 수밖에 없다는 것입니다. 그러므로 절대로 다른 사람에게 상처를 주지 말고 미움과 원망 · 시기 같은 나쁜 것들을 주지 말아야 합니다.

| 결론 |

하나님의 사랑과 나눔이 바로 기독교 신앙인들의 궁극적인 삶의 목표이니만큼 적극적으로 실천하는 삶을 살아야 합니다. 이것이 장래 좋은 터를 쌓고 또 하나님께서 기뻐하시는 일로서 마지막 날에 많은 상급과 면류관을 쓰게 됩니다.

그러므로 이제부터 하나님께서 기뻐하시는 것들을 나눠주는 성도가 됩시다. 하나님께서 반드시 기억하시고 축복해 주실 것입니다.

| 공동기도 |

1. 절대로 이기적인 자가 되지 않게 해달라고 기도하자.

2. 하나님의 사랑과 은혜를 적극 나눠주는 삶을 살기 위하여 기도하자.

30과. 양(羊)인 줄 알고 살자

찬송_ 399장(새 546장), 455장(새 370장)
본문_ 시 100:1-5

"여호와가 우리 하나님이신 줄 너희는 알지어다 그는 우리를 지으신 이요 우리는 그의 것이니 그의 백성이요 그의 기르시는 양이로다."(시 100:3)

하나님께서는 우리를 당신의 소유로, 또 백성으로 삼으시고 우리를 양처럼 기르십니다. 하나님께서는 우리를 양으로 비유하시며 우리를 향해 양처럼 살라는 것이었습니다. 그런데 우리는 스스로 살 수 있는 존재로 착각하기에 인생을 어려움과 고난과 환난 가운데 살기도 합니다.

양은 스스로 살 수 없습니다. 뿔이 없어서 방어할 수도 없고, 공격도 할 수가 없습니다. 날카로운 송곳니도 발달되지 않아 이빨로 싸움을 할 수도 없습니다. 털이 많이 자라면 하체보다 상체가 훨씬 크기에 구덩이나 가시덤불에 걸리면 스스로 빠져 나올 수도 없습니다.

양에게는 반드시 두 가지, 즉 목장과 목동의 보호와 인도가 필요합니다. 그러므로 우리도 양이라는 사실을 깨닫고, 양처럼 살아가야겠습니다.

1. 양에게는 목장이 꼭 필요

어느 성도에게, "만일 양이 목장 울타리 밖으로 나가면 어떻게 되겠습니까?"라고 물었더니, "양이 길을 잃고 헤매게 되겠지요." 하고 말하는 것이었습니다. 그래서 이렇게 말했습니다. "길을 잃고 헤매기만 하면 다행인데 그 양은 곧 죽음입니다. 왜냐하면 울타리 밖에는 양을 잡아먹으려는 맹수가 기회를 노리고 숨어 있기 때문에 양이 울타리 밖을 나가는 순간부터 그 양은 죽은 것과 다름이 없습니다."

벧전 5:8에 보면, "근신하라 깨어라 너희 대적 마귀가 우는 사자같이 두루 다니며 삼킬 자를 찾나니" 하며 목장 울타리 밖에는 이렇게 사자가 삼킬 양을 잡아먹기 위하여 항상 기회를 노리고 있다는 것을 말씀해 주셨습니다.

하나님께서는 이 세상에 예수님이 주인 되시고 머리 되신 교회를 많이 세워 주시며, 교회를 통해서 복음도 전하고, 양육되고, 성장하도록 만들어 주셨습니다. 그래서 예수님께서는 마 16:18에 "또 내가 네게 이르노니 너는 베드로라. 내가 이 반석 위에 내 교회를 세우리니 음부의 권세가 이기지 못하리라"고 하셨습니다.

그러므로 성도는 반드시 교회의 일원이 되어야 하며, 무슨 일이 있어도 교회를 떠나거나 교회 밖으로 나가면 안 됩니다. 그래야 목장 안에서 안심하고 살아갈 수 있습니다.

2. 양에게는 목동이 꼭 필요

목장에는 목자장이신 예수님이 계시고, 예수님께서는 각 목장, 즉 교회마다 목동인 목회자들을 불러 세워 주셔서 목장을 잘 지키고 양들을 잘 섬기는 사명을 위탁하셨습니다. 그러므로 양들은 목동의 가르침과 인도에 순종하며 잘 따라야 건강하게 성장하며 살아갈 수 있습니다.

목동의 양손에는 지팡이와 막대기가 있어서 지팡이로 가시덤불에 걸리거나 구덩이에 빠진 양을 건져내기도 하고, 막대기로는 어쩌다 덤벼드는 맹수를 물리치는 무기로 사용합니다. 다윗도 시 23:4에 "내가 사망의 음침한 골짜기로 다닐지라도 해를 두려워하지 않는 것은 주께서 나와 함께하심이라. 주의 지팡이와 막대기가 나를 안위하시나이다." 라고 하며 목자장 되신 하나님을 찬양했습니다.

예수님께서는 목장마다 목동인 목회자를 세워 주의 지팡이와 막대기를 손에 쥐어 주시며 그 목장의 양들을 보호하도록 하였기에 성도는 목회자와 가까이 지내며 목회자의 인도와 가르침에 순종해야 합니다.

| 결론 |

양은 반드시 목장인 교회에 소속되어 신앙생활을 잘 해야 하며, 그 목장의 목동인 목회자와 좋은 관계를 유지하며 살아야 하나님께서 기르시는 양이 된다는 사실을 잘 알아야 합니다.

또한 목장 안에만 있다고 안심하지 말고, 이왕이면 목장 안에서도 목동이 있는 곳에 있어야 하며, 목동의 눈에서 벗어나지 않도록 늘 목동의 인도에 순종하며 살아야 합니다. 그때, 양은 건강하고 안전하게 잘 성장하게 되고, 새끼도 낳고, 젖도 짜고, 윤기 있는 털로 주인이신 하나님께서 영광 돌린다는 사실을 잘 아시고, 꼭 양처럼 사는 여러분이 되시기를 축원합니다.

| 공동기도 |

1. 평생 동안 목장인 교회 안에 머물러 살게 하소서.

2. 평생 동안 목동인 목회자와 친근하고, 순종하며 살게 하소서.

31과. 하나님의 선물 두 가지

찬송_ 202장(새 268장), 91장(새 91장)
본문_ 요 3:16

"하나님이 세상을 이처럼 사랑하사 독생자를 주셨으니 이는 그를 믿는 자마다 멸망하지 않고 영생을 얻게 하려 하심이라."(요 3:16)

하나님께서는 죄와 허물로 이미 죽었던 우리를 살리시기 위하여 독생자를 세상에 보내 주셨으니 이는 죄인 되었던 인간들을 향한 사랑의 표현이셨습니다. 하나님께서는 죄인 되어 사망에 처한 인생을 구원하시기 위하여 아들을 내어주시며 인간들에게 아들을 소유하라고 주신 것입니다.

그러므로 죄인 된 인간들은 아들을 통해 주신 하나님의 선물 두 가지를 반드시 소유하고, 그 은혜를 의지하고 살아야만 이 세상에서 하나님의 뜻대로 살 수 있음을 알아야 합니다. 한 가지는 아들에게 주신 하나님의 이름인 예수이며 또 하나는 예수님께서 골고다에서 흘려주신 거룩한 피로서, 이 두 가지가 죄인에게 꼭 필요한 은혜요 선물입니다.

이 세상에 오셔서 하나님 아버지의 뜻을 다 이루시고 부활 후 승천하신 예수님께서 흘리신 보혈은 이 세상의 죄인들을 위하여 아낌없이 모두 뿌려졌으며, 이 세상에 오실 때 가지고 오신 예수의 이름은 보혜사 성령께서 오셔서 그 이름을 계속 믿게 하고 그 이름이 자기 백성을 죄에서 구원하는 하나님의 이름이심을 증거해

주셨습니다. 성도는 예수님의 보혈과 예수님의 이름, 이 두 가지의 소중함을 믿고, 적극적으로 의지하며 살아야 합니다.

1. 예수님의 보혈은 죄 사함 받게 하는 구원의 은혜

하나님께서는 피에 대한 언약을 세우시면서 레 17:11에, “육체의 생명이 피에 있다”고 하셨으며, 그 피가 죄를 속한다고 말씀하셨습니다. 요일 1:7에도 예수 그리스도의 피가 우리의 모든 죄를 깨끗게 씻어 주시는 능력이기에 이 땅의 죄인들은 반드시 보혈의 능력을 믿어야 합니다. 2천여 년 전에 골고다에서 주님께서 흘리신 피는 영원하신 하나님의 속죄의 피이기에 그 속죄의 능력이 영원한 효력을 발생시키는 것입니다. 이와 같이 예수의 피가 너무 필요하기에 예수님께서는 골고다에서 모든 피를 흘려주신 것입니다.

2. 예수님의 이름은 자기 백성을 저희 죄에서 구원하신 이름

예수님의 이름을 믿는 성도는 이 이름이 살아계신 하나님의 아들의 이름이요, 그리스도의 이름이심을 믿어야 합니다. 이런 믿음으로 주의 이름을 믿고 부르는 자가 구원을 받기에, 예수라는 이름을 이 세상에 남겨 주셔서 그 이름으로 구원받게 하신 것입니다.

하나님은 천하 인간에게 예수라는 이름 외에는 그 어떤 이름도 구원의 이름으로 주시지 않으셨습니다. 오직 예수님만이 길이요 진리요 생명으로서 아버지께로 나아가는 유일한 길이라고 하셨습니다. 그리고 구원받은 성도들에게 예수 이름으로 아버지께 무엇을 구하든지 응답해 주시고 시행해 주신다고 약속하셨기에 예수라는 이름을 믿는 자들을 위하여 주신 것입니다.

예수 이름은 이 세상에 아들을 통해 나타내신 아버지의 이름이요, 또한 보혜사 성령께서 믿는 자들을 위하여 오실 때도 예수의 이름으로 오셨습니다. 예수 이름으로 구하고 예수 이름으로 귀신을 쫓아내고 예수 이름으로 병든 자에게 손을 얹은즉 낫는다고 하셨기에 우리는 반드시 예수 이름을 믿어 구원받고 예수 이름으로 아버지께 구해야 합니다.

| 결론 |

2천 년 전에 이 세상에 오셔서 남기고 가신 아들의 피와 이름은 지금은 눈으로 볼 수가 없습니다. 하지만 믿음은 바라는 것들의 실상이요 보지 못하는 것들의 증거라고 하셨습니다.
성도는 하나님께서 이 세상에 독생자를 통해 주신 두 가지 선물인 예수의 보혈과 예수의 이름을 믿음으로 소유하고 믿고 의지하고 사용해야 합니다. 그리하면 보혜사 성령께서 보증해 주셔서 예수의 보혈과 예수의 이름이 세상을 구원하는 하나님의 능력이심을 분명히 나타내 주십니다. 아멘.

| 공동기도 |

1. 예수 그리스도의 보혈로 확실히 모든 죄를 씻김 받았음을 입술로 시인하며 감사기도하자.
2. 예수 그리스도의 이름을 믿어 구원 받고, 예수 그리스도의 이름으로 기도하며 간구하도록 하자.

32과. 진정한 겸손

찬송_ 410장(새 310장), 415장(새 292장)
본문_ 사 57:14-15

"지극히 존귀하며 영원히 거하시며 거룩하다 이름하는 이가 이와 같이 말씀하시되 내가 높고 거룩한 곳에 있으며 또한 통회하고 마음이 겸손한 자와 함께 있나니 이는 겸손한 자의 영을 소생시키며 통회하는 자의 마음을 소생시키려 함이라."(사 57:15)

우리의 일생은 하나님의 일을 승리시키는 것으로서 그것을 위해서는 목표 자체가 믿음의 일이어야 하며, 그것을 이루는 과정 자체도 믿음의 방법이어야 합니다. 그런데 그것이 믿음의 방법인가 아닌가를 알기 위해서 우리가 얼마나 겸손한 마음을 갖고 있는가가 중요합니다.

하나님은 겸손한 자와 함께 하시고 그 겸손한 자의 영을 소성케 하신다고 하셨습니다. 우리는 하나님의 뜻을 이루어 드리기 위하여 하나님 앞에 진정으로 겸손한 자가 되어서 쓰임을 받읍시다.

1. 절대로 교만하지 말아야

교만은 스스로 하나님같이 되고자 했던 마귀의 영원한 속성입니다. 마귀는 그 속성으로 인간을 부추겨 하나님처럼 되라고 하며 하나님 없이

스스로 살라고 유혹합니다. 하나님의 뜻과 법을 초월한 채 자기 생각대로 사는 사람은 결국 마귀와 같은 죄를 짓게 되는 것으로서 구원도 받지 못하고 이 세상에서 실패한 인생을 살 수밖에 없습니다.

우리는 절대로 스스로 살 수 없는 존재임을 인정하고 오직 예수 중심과 말씀 중심과 하나님의 법을 중심으로 살아야 하며, 그렇게 살려고 몸부림치다가 그리하지 못했을 때는 빨리 예수 그리스도의 보혈을 의지하여 통회하며 하나님께 나아가야 합니다. 하나님께서는 자기 자신이 절대로 스스로 살 수 없음을 시인하고 오직 하나님을 주인으로 모시며 그 뜻대로 사는 자들을 기뻐하십니다.

2. 진정한 겸손의 사람이 되어야

사실 그대로의 실상을 정확히 아는 사람이 겸손하게 됩니다. 하나님의 도움으로만 살려고 하는 것도 겸손이지만 그보다 더 앞서, 우리는 하나님 앞에 이미 심판받은 죄인으로서 하나님의 대속과 사랑의 은혜가 아니었으면 절대로 구원받을 수 없었던 존재였음을 깨달아야 합니다.

하나님께서 베푸신 사랑의 크기와 깊이와 높이가 얼마나 놀라운 은혜였는가를 깨닫고, 만일, 하나님께서 외면 하셨더라면 영원한 지옥 형벌을 피할 수 없는 존재였음을 깨달아 하나님 앞에 구원받은 자로서의 진정한 겸손의 사람이 되어야 하나님의 뜻대로 살 수 있습니다.

3. 겸손을 가장한 교만을 조심해야

우리는 스스로 겸손한 것같이 행동하지만 그 겸손의 행동이 하나님께서 인정하시는 겸손과 달리 결과적으로 교만한 자가 되는 경우가 있음을 조심해야 합니다.

그 대표적인 예가 교회에서 임명하는 직분을 사양하는 교만입니다. 하나님의 일을 위한 직분은 자신이 할 수 있는 자격이 있어서 받는 것이 아니고 하나님의 택하심에 의해 이루어지는 것으로서, 직분을 임명받을 때는 그저 순종이 최고입니다. 하나님께서는 그의 자격과 능력을 보는 것이 아니고 순종의 마음을 보시기 때문입니다. 만일, 자기의 능력이나 조건 환경 등을 보고 직분 받는 것을 결정한다면 바로 이런 것이 겸손을 가장한 교만이 됨을 알아야 합니다.

| 결론 |

우리의 신앙생활에서 겸손과 온유와 오래 참음은 항상 짝을 이룹니다. 그러므로 우리는 절대로 스스로 살 수 없는 존재로서 하나님의 도움이 없이는 살 수가 없음을 깨닫고, 하나님 앞에 겸손한 자로서 하나님만을 의지하고 살아야 합니다.

우리는 이미 죄와 허물로 죽었던 자였음을 깨닫고, 오직 전적인 하나님의 은혜로만 구원받은 자임을 시인하며 겸손하게 감사하며 살아야 합니다. 그리고 우리는 겸손을 가장한 교만한 자가 되지 않도록 조심하며 하나님 앞에 절대 순종하여 전능하신 하나님의 은혜로만 살아야 소성케 하시는 승리의 삶을 살게 됩니다.

| 공동기도 |

1. 스스로 살려고 하지 않기 위하여 기도하자.

2. 배은망덕하지 말고, 하나님의 구원에 은혜 앞에 겸손하기 위하여 기도하자.

3. 혹시, 나의 겸손이 교만이 되지 않기를 기도하자.

33과. 진리 안에 거하라

찬송_ 202장(새 268장), 464장(새 406장)
본문_ 딛 3:8-11

"이 말이 미쁘도다 원하건대 너는 이 여러 것에 대하여 굳세게 말하라 이는 하나님을 믿는 자들로 하여금 조심하여 선한 일을 힘쓰게 하려 함이라 이것은 아름다우며 사람들에게 유익하니라."(딛 3:8)

이 세상에는 진리를 가장한 비진리가 진리처럼 행세하며 진리에 속한 사람들을 실족시키는 일이 종종 발생합니다. 하나님의 말씀이 진리요 예수님만을 믿어야 하나님 아버지께로 갈 수 있습니다. 요 14:6에 "내가 곧 길이요 진리요 생명이니 나로 말미암지 않고는 아버지께로 올 자가 없느니라"고 하셨으며, 행 4:11-12에 "이 예수는 너희 건축자들의 버린 돌로서 집 모퉁이의 머릿돌이 되었느니라 다른 이로서는 구원을 얻을 수 없나니 천하 인간에 구원을 얻을 만한 다른 이름을 우리에게 주신 일이 없음이니라"고 하셨습니다.

구원을 받으려면 오직 예수님만을 믿어야 하고, 하나님의 자녀로 거듭남도 오직 예수님만을 믿어야 하고 하나님을 아버지라 부르는 것도 오직 예수님으로만 가능합니다.

1. 오직 교회 중심으로 살아야

교회는 예수님의 몸으로서 성도들이 모여서 이룬 공동체입니다. 교회는 음부의 권세가 이기지 못하는 곳으로서 하나님의 집입니다. 그러나 이 땅의 지상 교회는 완전하지 못하므로 교회를 마치 천국처럼 생각하거나, 성도를 전혀 죄도 짓지 않는 성화된 사람으로 기대하지 말아야 합니다. 오히려 교회는 이 땅에서 자신이 죄인임을 시인하는 부족한 자들이 모인 공동체로서 부족한 모습을 많이 볼 수 있습니다. 성도는 이런 점을 감안하여 서로 이해하고 배려하며 완전한 천상교회인 천국을 소망하며 믿음으로 달려가야 합니다. 이단들은 바로 지상교회의 부족함을 들춰내어 교회 안에 있는 교인들을 미혹하여 끌어내어 멸망길로 인도하고 있기에 절대로 이런 미혹에 빠지면 안 됩니다. 누구든지 교회를 비방하고 흠을 잡아 교회를 떠나게 한다면 그는 마귀의 수하임을 알고 일단 멀리해야 합니다.

2. 늘 목회자 중심으로 살아야

사이비 이단들은 터무니없는 말로 기성교회의 목회자들을 욕하고, 폄훼하여 성도들로 하여금 목회자들을 불신하게 만듭니다. 그러므로 성도는 이런 이단의 유혹에 절대로 미혹당하지 말아야 합니다.

물론 목회자들이 예수님처럼 거룩하게 살아야 하지만, 그러나 육신을 입고 있는 연약한 존재로서 예수님처럼 살 수가 없습니다. 때로는 실수도 할 수 있고 부족한 모습도 보일 수 있지만 목회자는 성직으로 구별된 사람이기 때문에 성도는 목회자들을 존중하며 배려도 하고 때로는 이해도 하면서 중보기도로 도와드려야 합니다. 사이비 이단들은 지금도 기존 교회의 목회자들을 폄훼하며 마치 부정한 존재처럼 미혹하고 있으므로 절대로 속지 말고 물리쳐야 합니다.

3. 절대 말씀 중심으로 살아야

진리의 말씀이란 곧 예수님을 의미합니다. 예수님은 2천여 년 전에 이 땅에 오셔서 죽으셨고 약속대로 사흘 만에 부활하시고 40일 후에 승천하셨습니다. 그리고 때가 되면 우리를 아버지의 집으로 데려가시기 위하여 분명 다시 오실 것입니다.
그러므로 자기 자신을 하나님이라고 한다든지 재림 예수라고 한다든지, 예수님이 이미 오셨다고 한다든지 하는 것들은 모두 이단입니다. 그러므로 '안상홍 증인회' 나 '신천지', 또 요즘에 신문에 광고하는 '전능하신 하나님의 교회' 등등은 모두 잘못된 이단이므로 절대로 가까이하지 말아야 합니다.

| 결론 |

이 세상은 이 진리를 훼손시켜서 구원을 받지 못하게 하므로 우리는 더욱 깨어서 기도해야 하며 오직 진리 안에서 살아야 믿음을 지킬 수 있음을 알고 조심해야 합니다.
때가 악해지며, 주변에 많은 사이비 이단들이 기승을 떨고 있으니 모두 정신을 바짝 차리고 경계하며 자신의 거룩한 믿음을 지켜야 합니다. 지금은 믿음을 잘 지켜야 할 때입니다.

| 공동기도 |

1. 절대로 교회를 사랑하기 위하여 기도하자.
2. 절대로 목회자를 존중하고 신뢰하기 위하여 기도하자.
3. 절대로 말씀 중심으로 살도록 기도하자.

34과. 혀를 잘 다스려라

찬송_ 193장(새 259장), 219장(새 540장)
본문_ 약 3:1-6

"혀는 곧 불이요 불의의 세계라 혀는 우리 지체 중에서 온 몸을 더럽히고 삶의 수레바퀴를 불사르나니 그 사르는 것이 지옥 불에서 나느니라."(약 3:6)

하나님은 인간에게만 언어를 구사할 수 있는 능력을 주셔서 말로 대화하고, 소식과 뜻을 전하고 또한 마음의 상태를 표현할 수 있는 은혜를 주셨습니다. 아마도 우리가 살아오면서 제일 많이 쓰는 기관 중의 하나가 혀일 수도 있다는 생각이 듭니다. 하나님은 우리의 언어표현을 혀의 움직임으로 하도록 하셨기에 인간은 혀를 통해서 말을 합니다. 실제로 농아들은 혀가 굳어서 말을 하지 못하는 것으로서 말은 영어로 tongue, 즉 혀로 표현됩니다.

그런데 야고보 기자는 혀는 작은 지체지만 그 혀로 어떤 말을 하느냐가, 마치 작은 불이 많은 나무를 태울 수도 있고 지극히 작은 키가 광풍에 밀려가는 큰 배도 얼마든지 운전할 수도 있다고 하였습니다.

우리의 혀를 통해 전달되는 그 말이 많은 나무를 태우는 나쁜 영향을 줄 수도 있고 광풍에 밀려가는 배를 바른길로 잡아 줄 수도 있다는 것입니다. 우리는 하나님께서 주신 언어의 기능을 잘 사용해서 하나님께 영광을 돌리기 위하여 노력해야 할 것입니다.

1. 혀의 사용을 절제하며 되도록 많은 말을 삼가야

사람이 말을 많이 하다 보면 자신도 모르는 사이에 실수를 범하는 일이 많습니다. 따라서 어느 모임에서든지 말을 많이 하려고 하지 말고 다른 사람들의 말을 경청하는 것이 좋습니다. 오죽하면 약 3:1에 "내 형제들아 너희는 선생 된 우리가 더 큰 심판받을 줄을 알고 많이 선생이 되지 말라"고 하셨겠습니까?
목회자인 저도 제일 염려되고 두려운 것이 말을 많이 하는 직분자라는 것입니다. 더구나 세상의 말도 아니고, 하나님의 말씀을 전하고 있기에 마음의 부담과 두려움이 항상 제게 짐이 되고 있습니다. 세상 말이야 영생과 관계가 없지만 목회자의 설교와 가르침은 영생과 관계가 있기에 솔직히 두렵고 떨리는 것입니다. 하여간 혀를 잘 다스리는 첫 번째 방법은 되도록 말을 아껴서 하고 조심해서 하는 것이 너무 중요합니다.

2. 듣기는 속히 하고 말하기는 더디 해야

우리는 살아가면서 다른 사람으로부터 많은 말을 듣게 됩니다. 그런데 그 말을 듣고 우리가 표현을 하게 되는데, 그 반응의 속도가 너무 빠르다는 것입니다. 그러다 보니 인간적인 판단 미스와 감정으로 인해 자신도 모르는 사이에 과격한 표현이나 상대방에게 이롭지 못한 말 등을 하는 경우가 종종 발생하게 되어, 그 말한 것을 후회하기도 하며 그 말의 실수 때문에 여러 가지 오해와 이간과 불이익을 당하는 경우가 생기기도 하여 곤란할 때가 있습니다.
그러므로 우리는 훈련을 통해 듣기는 속히 하고 말은 더디 하는 성도가 되도록 노력해야 합니다.

3. 항상 성령님께 혀를 주장해 달라고 기도해야

마귀는 우리의 혀를 불의하게 쓰도록 유혹하여 그로 인해 많은 이간이 되도록 속이고 있습니다. 그러므로 우리는 항상 성령님께 기도하여 우리의 혀를 주관해 주시고 의로운 말, 살리는 말, 격려하는 말, 용기를 주는 말, 사랑하는 말, 화합시키는 말, 그리고 생명을 주는 말만 하는 혀가 되게 해 달라고 끊임없이 간구해야 합니다. 그러면 성령님께서 우리의 혀를 주장해 주셔서 하나님께서 기뻐하시는 표현을 하도록 사용해 주실 것입니다.

| 결론 |

혀는 부드러워서 쉽게 움직입니다. 그러나 그 결과, 그 혀의 움직임에 따라 파장이 반드시 생기게 되어 있으므로 이제부터 혀의 사용을 절제하고 또 듣기는 속히 하되 말하기는 더디 하는 훈련을 해야 합니다. 그리고 꼭 성령님께 기도하여, 혀를 의의 도구로 사용할 때, 우리의 혀가 하나님께 기쁨을 드린다는 사실을 명심하고 혀를 잘 다스리는 성도가 되시기를 부탁합니다.

| 공동기도 |

1. 되도록 말을 적게 하는 성도가 되도록 기도하자.
2. 듣기는 속히 하고 말하기는 더디 하는 성도가 되도록 기도하자.
3. 항상 성령님께서 혀를 주장해달라고 기도하자.

35과. 끝까지 푯대를 향해 달려가자

찬송_ 400장(새 358장), 402장(새 360장)
본문_ 빌 3:10-16

"푯대를 향하여 그리스도 예수 안에서 하나님이 위에서 부르신 부름의 상을 위하여 달려가노라."(빌 3:14)

바울은 빌립보 교회의 성도들에게 보내는 편지에서 끝까지 믿음을 지켜서 부활에 이르고, 끝까지 푯대를 향해 달려가라고 애타는 심정으로 말했습니다. 그리고 하나님께서 우리를 택하시고 부르셨으니 반드시 부르심의 상이 있음도 명심하고, 마치 경주대회에 참가하는 선수처럼 달려가라는 것입니다.

이 땅에서 예수님을 믿지 않은 사람은 자신이 저지른 모든 죄악에 대해 영원토록 형벌의 심판을 받습니다. 그러나 예수님을 영접하여 하나님의 자녀가 된 성도는 이 세상을 떠나면 천국에서 영원히 살게 됩니다.

동시에 이 세상에 살면서 하나님께서 기뻐하시는 삶을 산 것만큼 우리가 부름의 상을 받고 천국에서 영원히 살 수 있음을 깨닫고, 이 세상에 사는 동안 천국과 영생의 삶을 준비해야겠습니다.

1. 우리들 모두 경주자로서 훈련을 잘 받아야

하나님께서는 과거, 이스라엘 백성들을 가나안 땅으로 인도하시기 전에 애굽에서 인구를 늘리면서 극심한 고통을 받으며 고난의 세월을 보내게 하셨습니다. 그리고 광야에서 40년 동안 하나님의 백성으로서의 지켜야 할 계명을 주셔서 엄하게 심판하시고, 사람이 스스로 살 수 없는 광야에서 오직 하나님만이 보호자가 되심을 절감시키셨습니다.
하나님만을 전폭적으로 믿고 의지하게 했으며, 동시에 너희들의 목적지는 애굽으로 돌아가는 것도 아니요, 또한 광야도 아니고 오직 젖과 꿀이 흐르는 가나안이었음을 상기시켜 주셨습니다. 그러므로 이 세상에 살면서 우리의 본향은 천국임을 깨닫고 소망 가운데 오직 천국 푯대를 향해 믿음으로 준비하며 달려가야 합니다.

2. 경주자로서 오직 푯대만을 바라보며 달려가야

일단 경주장에 들어선 선수는 오직 골인 지점만을 응시하고 그곳을 향해 달려가야 합니다. 좌로나 우로나 치우치지 말고, 오직 한 곳만 바라보며 달려가야 합니다. 사실, 신앙생활하는 우리들의 삶 속에는 끝까지 완주하지 못하도록 방해하는 요소와 훼방꾼이 많이 있음도 알아야 합니다. 세상의 명예와 물질의 유혹과 자녀 문제 등등이 우리 믿음의 경주를 방해하기도 하고 또 주변 사람들의 훼방과 세상 죄악의 미혹 등이 우리의 경주를 방해하기도 합니다.
그러나 법궤를 실은 암소 두 마리가 벧세메스로 향해 젖먹이 송아지들의 애타는 울부짖음도 마다하고 끝까지 올라가 결국 번제물이 된 것처럼 우리도 오직 천국을 향해 끝까지 달려가야 합니다.

3. 부름의 상을 바라보며 달려가야

42.195km의 마라톤을 경주하는 선수가 골인 지점을 향해 달려가면 상

도 받을 수 있고, 완주하게 되면 완주자에게 주는 상도 받을 수 있는 마라톤 대회가 있는 것처럼, 끝까지 완주한 성도에게는 각각 하나님께서 주시는 상이 있음을 믿어야 합니다.

성경에는 생명의 면류관, 의의 면류관, 썩지 않는 면류관 등등의 면류관이 있음을 말씀하고 있습니다. 우리는 구원받은 것에 만족하지 말고 마지막 날에 주시는 부름의 상이 있음을 믿어야 합니다. 이 땅에서 하나님께서 기뻐하시는 영혼 구원과 교회에서의 헌신과 직분감당과 선교, 구제와 이웃 사랑 그리고 중보기도 등으로 끝까지 달려가야 합니다.

| 결론 |

성도의 신앙생활 승리 여부는 천국에서 결론이 나게 됩니다. 착하고 충성된 종이 될 수도 있고, 악하고 게으른 종이 될 수도 있음을 알고 마지막에, 하나님 앞에서 웃을 수 있는 최후의 승리자가 되어야 합니다.

세월을 아껴서 천국의 상급, 즉 부름의 상을 바라보며 달려갑시다. 하나님께서는 이렇게 사는 성도들의 이 땅에서도 삶도 지원해 주셔서 천국을 준비케 하심을 깨닫고 세월을 하나님과 자신의 영혼을 위하여 준비하고 사용하는 성도가 되시기를 축원합니다.

| 공동기도 |

1. 경주하지 못하도록 방해하는 요소(물질 · 명예 · 세상 · 근심 등)를 없애 달라고 기도하자.
2. 끝까지 믿음으로 완주하는 성도가 되도록 기도하자.
3. 영적인 일을 많이 해서 상을 받는 경주자가 되도록 기도하자.

36과. 하나님의 뜻대로 사는 방법

찬송_ 377장(새 449장), 446장(새 391장)
본문_ 살전 5:12-24

"항상 기뻐하라 쉬지 말고 기도하라 범사에 감사하라 이것이 그리스도 예수 안에서 너희를 향하신 하나님의 뜻이니라."(살전 5:16-18)

하나님께서는 예수를 믿는 하나님의 자녀들이 이 땅에 사는 동안에도 승리하며 살기를 원하십니다. 그래서 본문 23절에, "평강의 하나님이 친히 너희로 온전히 거룩하게 하시고 또 너희 온 영과 혼과 몸이 우리 주 예수 그리스도 강림하실 때에 흠 없게 보전되기를 원한다"고 하셨습니다.

장차 예수님께서 재림하시는 그날까지 우리 육체가 강건하게 보전되기를 원하신다는 것입니다. 본문은 바로 그런 관점에서 하신 말씀임을 깨닫고, 이 말씀대로 순종하며 살아야겠습니다.

1. 믿음의 형제들과의 관계에서 승리하라

교회 내에서 질서를 잘 지킬 것을 강조하시는데 그 질서란 교회에서 성도를 위하여 말씀을 가르치고 권면하는 지도자들과 항상 화목하게 지내라는 것입니다. 교회에서 수고하고 애쓰는 그 사역을 가장 귀히 여기며 그 사역에 힘쓰는 이들로 하여금 그 일을 잘 감당할 수 있도록 도와

주는 것이 믿음의 형제들이 마땅히 해야 할 사명인 것입니다. 그런가 하면 성도들 중 연약한 이들을 도와주고 규모 없는 자들은 잘 타이르며 모든 사람을 대하여 오래 참으라는 것입니다. 그리고 절대로 누구든지 악으로 갚지 말고 항상 선으로 대하라는 것입니다.

이렇게 말씀하시는 이유는 예수님을 믿는 모든 성도는 하나님의 자녀로서 모두 형제자매요 영원한 가족 식구이기 때문입니다. 그래서 예수님께서도 새 계명을 주시면서 "너희는 서로 사랑하라"고 하셨습니다. 우리는 믿음의 형제, 자매들 사이에서 누구와도 나쁜 관계를 맺으면 안 됨을 명심하고 항상 화목하게 지내야 하나님의 뜻대로 사는 것입니다.

2. 성도 자신의 삶을 선하게 잘 살아라

"항상 기뻐하라 쉬지 말고 기도하라 범사에 감사하라"는 말씀은 성도 자신의 승리의 삶을 위하여 주시는 하나님의 명령입니다. 이 세상에서 승리하려면 반드시 이 말씀대로 살아야 자신을 잘 돌볼 수 있습니다.

항상 기뻐하라는 말씀은 기뻐하지 못할 상황에서 기뻐하라고 강조하시는 것이요, 쉬지 말고 기도하라 하심은 언제든지, 무엇을 하든지 하나님을 의지하여 구하면서 살라는 것이요, 범사에 감사하라 하심은 감사하지 못할 상황 속에서도 감사하라는 강조입니다. 기뻐할 수 없고 감사할 수 없는 상황일지라도 기뻐하고 기도하고 감사하면 모든 어려운 상황을 기쁨과 감사의 상황으로 바꿔 주시겠다는 것이니 우리는 이 말씀에 순종하여 하나님의 뜻대로 살아야 합니다.

3. 영적으로 늘 충만하라

매사에 성령님을 의지하여 우리 안에 계신 성령님을 주인으로 모시고 성령님께서 생각나게 하시고, 기억나게 하시는 대로 순종하며 살아야 성령께서 기쁨으로 우리의 삶을 주관해 주십니다. 그러므로 절대로 우리 안에 계신 성령님을 무시하거나 거역하지 말고 성령님과 항상 교통하며 살아야 합니다.
예언을 멸시치 말라는 것은 하나님의 말씀을 무시하지 말라는 것입니다. 하나님의 말씀은 반드시 이루시는 하나님의 약속이기 때문에 절대로 무시하지 말고 순종하며 지키고, 혹시 불순종했을 때는 속히 예수 그리스도의 보혈을 의지하여 회개하고 말씀 가운데 살면서 악은 모든 모양이라도 버리라는 것입니다.

| 결론 |

하나님은 우리가 온 영과 혼과 몸이 강건하여 예수님께서 재림하시는 그날에 떳떳하게 만나게 되기를 원하십니다. 하나님의 뜻대로 살지 못하여 우리들의 영과 혼과 몸이 온전치 못하게 된다면 이것은 하나님을 가슴 아프게 합니다. 이는 마치 모든 부모가 자신의 자녀들이 끝까지 건강하게, 세상에서 당당히 잘 사는 것을 원하는 것과 같은 이치입니다. 그러므로 하나님의 뜻대로 살아서 승리하시기를 축원합니다.

| 공동기도 |

1. 교회 안에서 지도자나 성도들 사이에서 불화한 것이 없나 살펴보며 화목을 위해서 기도하자.
2. 어떤 경우에도 기뻐하고 기도하고 감사하여 승리하자고 기도하자.
3. 성령님을 의지하며, 하나님의 말씀으로 살게 해달라고 기도하자.

37과. 귀신과 교제하지 말라

찬송_ 91장(새 91장), 411장(새 563장)
본문_ 고전 10:14-22

"무릇 이방인이 제사하는 것은 귀신에게 하는 것이요 하나님께 제사하는 것이 아니니 나는 너희가 귀신과 교제하는 자가 되기를 원하지 아니하노라."(고전 10:20)

하나님께서 주신 십계명에서 첫 번째가 "너는 나 외에 다른 신들을 네게 있게 말지니라."이며 둘째가 "너를 위하여 새긴 우상을 만들지 말고, 또 위로 하늘에 있는 것이나, 아래로 땅에 있는 것이나, 땅 아래 물속에 있는 것의 아무 형상이든지 만들지 말며, 그것들에게 절하지 말며 그것들을 섬기지 말라."고 하셨습니다.

그러시면서 이렇게 하면, 질투하시는 하나님께서는 그 행위를 하나님을 미워하는 것으로 인정하여 그 죄를 갚되 아비로부터 아들에게로 삼사 대까지 이르게 한다고 엄히 경고하셨습니다. 그래서 예수님이 오시기 전의 이스라엘의 흥망성쇠가 이 계명의 순종과 불순종에 의해 결정되었습니다.

우리는 절대로 귀신을 섬기거나 교제하거나 절을 하지 말아야 합니다. 영원하시고 유일하신 하나님은 귀신과 교제하는 자들을 영적 간음으로 인정하셔서 그 행위에 대해 다음과 같은 심판을 받게 하신다는 사실을 믿고, 꼭 하나님만 경배하고 섬겨야 하겠습니다.

1. 이방인의 제사는 귀신에게 하는 것이니 금하라고 하심(20절)

귀신은 마귀에게 속한 악한 영으로서 사람들에게 화를 주는 영적 존재입니다. 따라서 이방인, 즉 불신자들은 영적으로 같은 마귀에게 속해 있기에 귀신을 무서워하고 두려워하여 섬기고 있습니다. 어떤 사람들은 귀신이 없다고 하기도 하나 성경은 분명히 귀신이라는 악한 영적 존재가 있음을 말하였습니다. 이 땅에 오신 예수님께서는 귀신들을 쫓아내시며 많은 병든 자들을 고치시고 또 열두 제자를 부르셔서 파송하실 때도 마 10:1에 보면, "더러운 귀신을 쫓아내며 모든 병과 모든 약한 것을 고치는 권능을 주셨음"을 알 수 있습니다.
귀신은 예수 믿는 자들의 원수로서 성도들이 대적하고 쫓아내야 할 대상입니다. 그러므로 절대로 귀신에게 절하거나 제사 음식을 먹는 일을 저지르면 안 됩니다.

2. 귀신에게 제사하는 것은 영적 간음

하나님은 이스라엘 백성을 성민이라고 하셨고, 예수 믿는 우리들을 자녀로 낳아 주셨습니다. 오직 예수님만이 믿음의 주님이시고, 우리가 경배하고 사랑해야 할 분은 하나님 한 분밖에 없습니다. 그런데 성도가 마귀에게 속한 귀신에게 제사 지내고, 절하고 교제하는 것은 하나님 입장에서는 영적 간음이라는 것입니다. 따라서 이런 자들은 절대로 하나님의 사랑이나 도우심을 받을 수 없을 뿐 아니라 오히려 귀신에 의해 많은 공격과 피해를 입게 됩니다.
하나님은 우상에게 절하고 교제하는 자를 향해 질투하시며, 그의 죄악을 갚되 자손 3-4대까지 갚는다고 하실 정도로 싫어하셨습니다. 그러므로 무슨 일이 있어도 귀신에게 제사 지내는 영적간음의 죄를 저지르면 절대로 안 됩니다.

3. 제사음식을 먹는 것도 귀신과 교제하는 행위

제사음식은 귀신의 상에 올려 진 것을 말합니다. 물론 같은 음식이라도 제사상에 올리지 않은 것은 먹어도 상관이 없지만, 일단 제사상에 올려 진 음식은 절대로 먹으면 안 됩니다. 본문 18절에 보면, "제물을 먹는 자들이 제단에 참예하는 자들이 아니냐"고 하셨음을 명심하고 절대로 제사 음식도 먹지 말아야 합니다.

| 결론 |

이방인의 제사는 귀신에게 하는 것으로서 하나님의 자녀들은 어떤 제사도 드려선 안 되고 제물도 먹으면 안 됩니다. 오직 하나님만 경배하고 예배해야 순결한 하나님의 자녀가 됨을 믿어야 합니다. 이렇게 순결한 믿음을 지키는 성도를 하나님께서 축복하시고, 보호해주심을 믿고 영적 순결의 성도가 되시기 바랍니다.

– | 공동기도 |

1. 남은 평생에 절대로 귀신에게 제사 지내지 않기 위하여 기도하자.
2. 남은 평생에 절대로 제사 음식을 먹지 않기 위하여 기도하자.
3. 남은 평생에 오직 유일하신 하나님만 사랑하고 경배하기 위하여 기도하자.

38과. 광야생활의 교훈

찬송_ 219장(새 540장), 434장(새 384장)
본문_ 신 8:1-6

"내가 오늘 명하는 모든 명령을 너희는 지켜 행하라 그리하면 너희가 살고 번성하고 여호와께서 너희의 조상들에게 맹세하신 땅에 들어가서 그것을 차지하리라."(신 8:1)

하나님께서는 이스라엘 백성을 구출하여 광야에서 40년 동안 살게 하셨습니다. 장차 가나안 땅에 들어가 하나님의 백성으로 살아가게 될 이스라엘 백성에게 하나님을 알게 하고, 또 하나님의 백성으로 살아가게 될 방법을 가르쳐 주시기 위함이었습니다.

광야에서는 스스로 살 수 없고, 위험과 결핍의 공간입니다. 그러나 천국 백성으로 살아가기 위해서는 절대로 피할 수 없는 연단과 훈련의 과정이라 이곳에서 살게 하셨습니다.

광야는 우리네 인생현장입니다. 하나님께서는 우리를 위해 광야의 삶을 보여 주셨습니다. 우리는 이스라엘 백성의 광야의 삶을 교훈삼아 하나님의 자녀로서 승리적인 삶을 살아야겠습니다.

1. 하나님은 우리를 낮추시려 하심

신 8:12-16에, "네가 먹어서 배불리고 아름다운 집을 짓고 네 소유가다 풍부하게 될 때에 두렵건대 네 마음이 교만하여 네 하나님 여호와를 잊어버릴까 하노라 여호와는 너를 애굽땅 종 되었던 곳에서 이끌어 내시고 너를 인도하여 그 광대하고 위험한 광야 곧 불뱀과 전갈이 있고 물이 없는 간조한 땅을 지나게 하셨으며 또 너를 위하여 물을 굳은 반석에서 내셨으며 네 열조도 알지 못하던 만나를 광야에서 네게 먹이셨나니 이는 다 너를 낮추시며 너를 시험하사 마침내 네게 복을 주려 하심이었느니라."고 하시며, 이어서 혹, "네가 네 능과 노력으로 재물을 얻었다고 착각할까 염려함이라"고 하셨습니다.

하나님께서는 재물 얻을 능력을 주셨음을 명심하라 하셨습니다. 구원받은 우리는 하나님으로부터 축복을 받아 영육 간의 삶 속에서 회복을 경험하게 되는데, 이것이 내 노력이나 능력이 아니고 모두 전적 하나님의 은혜임을 믿고 겸손하게 하나님만을 경외하리는 것입니다.

2. 우리의 순종 여부를 시험하시기 위함

하나님께서는 자녀가 하나님의 말씀과 계명과 법도를 지켜 순종하기를 원하시기에 2절에서도, "너를 시험하사 네 마음이 어떠한지 그 명령을 지키는지 아니 지키는지 알려 하심이라."고 하셨습니다. 구원받은 성도가 혹시 광야의 삶을 살고 있다면 혹시 이런 어려움 속에서도 하나님의 말씀과 계명을 지키는가 여부를 하나님께서 시험하고 계실지도 모른다는 것을 믿고 끝까지 순종하며 나아가야 합니다.

3. 사람은 떡으로만 사는 것이 아님을 알게 하려 하심

사람은 떡으로만 사는 존재가 아니고 반드시 하나님의 입으로 나오는 모든 말씀으로 사는 존재임을 알게 하려 하심입니다. 육신의 허기를 채우기 위하여 물과 떡이 필요한 것처럼 우리의 영혼도 하나님의 말씀의 양식으로 채워야 되기에 늘 말씀 중심으로 살라는 것입니다. 예수님께서도 광야에서 마귀에게 시험을 받으실 때 40일 동안 주리셔서 떡이 필요하셨지만, 마귀를 멸하시고 대적하고 심판 하시는 하나님의 말씀이 더 중요하기에 마귀의 말을 듣지 않고 하나님의 말씀에 먼저 순종하셨습니다.
이 세상에서 살아가면서 아무리 육신의 요구가 필요하고 갈급하다 해도 하나님의 말씀에 어긋나는 일을 하면 안 됨을 알고, 철저하게 말씀 우선 중심의 삶을 살아야 하나님의 복을 받을 수 있습니다.

| 결론 |

하나님께서 우리에게 진짜 원하시는 것은 진실한 자녀, 축복된 자녀로 살아가는 것입니다. 그러므로 때로는 희망도 보이지 않고 곤고하고 힘들고 어려운 광야 같은 삶을 만난다 할지라도, 절대 겸손함으로 하나님의 말씀에 순종하며 하나님 말씀 우선주의로 살아갈 때 결국 가나안의 축복을 주심을 믿고 끝까지 믿음으로 승리하시기 바랍니다. 아멘.

| 공동기도 |

1. 나의 삶은 전적으로 하나님의 도우심과 능력으로 됨을 믿고 기도하자.
2. 하나님의 말씀과 계명에 철저하게 순종하는 성도가 되도록 기도하자.
3. 말씀 우선주의로 살아가는 성도가 되도록 기도하자.

39과. 좋은 열매 맺는 성도가 되라

찬송_ 376장(새 450장), 382장(새 347장)
본문_ 마 7:15-23

"아름다운 열매를 맺지 아니하는 나무마다 찍혀 불에 던져지느니라."(마 7:19)

나무는 열매를 통해 알게 되어 있고, 좋은 나무에서 좋은 열매를 맺고 나쁜 나무에서 나쁜 열매를 맺게 되어 있습니다. 이 비유는 신앙생활을 하는 우리들을 향한 말씀으로서 우리들의 신앙의 열매로서 우리들의 신앙을 알 수 있다는 뜻입니다. 동시에 아름다운 열매를 맺지 아니하는 나무는 찍혀 불에 던지운다고 예수님께서 말씀하셨으니 우리는 하나님께서 기뻐하시는 신앙인이 되기 위하여 좋은 열매를 맺어 하나님으로부터 인정을 받아야겠습니다.

1. 믿음으로 주의 이름을 불러야

롬 10:13에, "누구든지 주의 이름을 부르는 자는 구원을 얻으리라"고 하셨기에 우리가 구원받기 위하여 반드시 예수를 믿고 주의 이름을 불러야 합니다. 그런데 본문의 말씀을 보면 "나더러 주여 주여 하는 자마다 천국에 다 들어갈 것이 아니요 다만 하늘에 계신 내 아버지의 뜻대로 행하는 자라야 들어가리라."(마 7:21)고 하셨는데 잘못 오해하면 이 말씀이 마치 행함으로 구원받는 조건처럼 들릴 수도 있습니다.
하지만 이 말씀의 뜻은 믿음이 없이 "주여, 주여, 주여" 하는 자들을 두고 한 것이며, 또 이들은 믿음이 없이 "주여, 주여" 했기에 당연히 주의 뜻대로 행하지 않아 천국에 들어가지 못한다고 말씀하신 것입니다. 그러므로 우리는 믿음으로 주의 이름을 부르며 순종하여 구원에 합당한 열매를 맺어야 합니다.

2. 주의 이름으로 순종해야

예수님께서는 "그 날에 많은 사람이 나더러 이르되 주여, 주여 우리가 주의 이름으로 선지자 노릇하며 주의 이름으로 귀신을 쫓아내며 주의 이름으로 많은 권능을 행치 아니하였나이까 하리니"라고 하시며 책망하셨습니다. 여기에서 우리가 자칫하면 "선지자 노릇과 귀신 쫓는 것과 많은 권능 행하는 것"을 잘못이라고 오해할 수도 있습니다.
예수님께서 하나님의 말씀을 전하는 선지자 직분과 또한 귀신을 쫓아내는 일과 많은 권능을 행하는 것을 잘못되었다고 하시는 게 아니고, 이렇게 순종하면서 마치 자기가 하는 것으로 착각하거나 자신을 자랑하고 권위를 높이고 심지어 헌금이라는 명목으로 돈을 사취하는 행위를 책망하신 것입니다. 예수님께서는 너희가 거저 받았으니 거저 주라고 마 10:8에 말씀하시며, 오직 주님께 영광을 돌리라고 하셨으니 성도들 모두가 오직 믿음으로만 순종하고 모든 영광을 하나님께 돌려야 합니다.

3. 하나님이 기억하시는 성도가 되어야

예수님께서는 위와 같이 믿음으로 하지 않는 자들을 묶어 "불법을 행하는 자들아 내게서 떠나가라 하시며 너희를 도무지 알지 못한다"고 하셨습니다. 우리는 이 땅에 사는 동안 오직 하나님의 뜻과 법대로 사는 성도가 되어야 합니다. 구원도 전적인 하나님의 사랑과 은혜로 받았음을 믿는 믿음으로 주의 이름을 부르며 하나님 앞에 나아가야 하고, 모든 권능 행함과 가르치는 일 등도 오직 하나님의 능력과 은혜로만 쓰임받는 도구임을 깨닫고 믿음과 감사함으로 순종하여 하나님께서 기억하시는 성도가 되어야 합니다.

| 결론 |

신앙생활에는 하나님의 법칙이 있습니다. 세상에서 글을 쓸 때도 법칙이 있고 그림을 그릴 때도, 그리고 음악과 연극을 감상할 때도 보는 눈과 듣는 귀를 훈련시키며 그에 합당한 에티켓이 있는 것처럼, 우리는 하나님의 뜻대로 훈련받고 그 뜻과 방법대로 믿고 나아가야 합니다.

우리는 예수님 앞에 모두 서게 될 날이 있습니다. 그 때, 만일 불법을 행하는 자라는 책망과 함께 버림받으면 어찌 되겠습니까? 하나님의 뜻대로 신앙생활에 승리하여 우리 모두 좋은 열매 맺는 성도가 되어 최후의 승리자가 되시기를 예수님 이름으로 축원합니다.

| 공동기도 |

1. 신앙생활을 믿음도 없이 하거나 자기 자신을 자랑하고 나타내기 위하여 하고 있지는 않은지 각각 자기 자신을 돌이켜 보자.

2. 오직 믿음으로 주의 이름을 불러 합당한 믿음의 삶을 살고, 오직 전적인 주님의 은혜로 순종하는 성도가 되도록 기도하자.

4학기

- 40과 ● 어느 계명이 크니이까
- 41과 ● 보응하시는 하나님
- 42과 ● 말씀을 편식하지 말라
- 43과 ● 하나님을 의지하라
- 44과 ● 하나님으로 세상에서 찬송을 받으시게 하라
- 45과 ● 다른 복음을 좇지 말라
- 46과 ● 행함으로 믿음을 보여 드려라
- 47과 ● 하나님은 당신을 나타내신다
- 48과 ● 세상을 이기는 믿음
- 49과 ● 여호와께 은혜를 입어라
- 50과 ● 예수님만 앙망하라
- 51과 ● 소수의 창조적 믿음의 사람이 되라
- 52과 ● 하나님과 동행하는 자의 복

40과. 어느 계명이 크니이까

찬송_ 483장(새 539장), 262장(새 523장)
본문_ 마 22:34-40

"예수께서 이르시되 네 마음을 다하고 목숨을 다하고 뜻을 다하여 주 너의 하나님을 사랑하라 하셨으니 이것이 크고 첫째 되는 계명이요."(마 22:37-38)

율법과 계명은 영적으로는 하나님 앞에 모든 인간을 죄인으로 묶는 목적이요 또 육적으로는 복과 저주의 기준으로서의 목적으로 주셨습니다. 만일, 이 계명의 효력을 예수님께서 끝내실 것 같으면 뭐하러 크고 첫째 되는 계명과 둘째 되는 계명이 있다고 하셨겠습니까?
그러므로 이 세상에 사는 하나님의 자녀들은 이 법을 지키며 살아야 하는데, 특히 크고 첫째 되는 하나님에 대한 계명을 먼저 철저히 지켜서 하나님과의 관계를 형통케 한 후에, 둘째 계명을 철저히 지키려는 노력을 해야 합니다. 그래서 하나님의 뜻대로 사는 하나님의 사람됨을 명심하고 실천하는 성도가 되어야 합니다.

1. 하나님 외에 다른 신을 두면 안 됨

이것은 사람(성도)에게 하나님보다 더 사랑하는 것을 두면 안 된다는 것입니다. 물질이나 명예나 부모나 자식이나 그 어떤 피조물이라도 하나님보다 앞서게 해서는 안 됨을 명심해야 합니다. 만일, 그렇게 하면 하나님보다 위에 두는 모든 것이 하나님의 원수가 되어 오히려 심판과 멸망의 대상이 됨을 꼭 깨달아야 합니다.

2. 우상은 만들지도 말고 절하지도 말아야

우리에게 오직 경배의 대상은 하나님 한 분뿐이십니다. 그 어떤 피조물도 경배의 대상이 될 수 없습니다. 특히 우상을 섬기거나 제사 같은 행위는 하나님의 진노를 사는 것으로서 하나님의 질투의 대상이 됨을 알아야 합니다. 이런 행위를 하는 사람은 자손 3-4대까지 죄를 갚는다고 하신 말씀을 믿고, 절대로 우상을 경배하지 말아야 합니다.

3. 하나님의 이름을 망령되이 일컫지 말아야

하나님의 이름에는 하나님의 명예가 있기에 누구라도 하나님의 이름을 무시하거나 모욕하면 그것이 죄가 됩니다. 곧 하나님의 명예를 더럽히는 죄이기에 그런 사람에게는 죄없다 하지 않으리라고 엄히 말씀하셨습니다.
오늘날, 하나님의 이름인 예수의 이름을 무시하여 믿지 않는 사람이 곧 하나님의 명예를 더럽히는 것으로서 하나님은 믿지 않은 자들은 지옥의 영원한 형벌에 가두며 영원히 죄 없다 하지 않으시니, 우리 모두는 하나님의 이름을 귀하고 소중히 믿고 부르며 의지해야 합니다.

4. 안식일을 기억하여 거룩히 지켜야

신약시대의 안식일은 주일로서 성도가 주일을 지키는 것이 얼마나 중요한 일인지 모릅니다. 구약시대에 안식일을 지키지 않은 사람을 죽이라고 하신 것만 봐도 주일을 지키는 계명이 얼마나 중요한 것인지를 알아야 합니다.

주일은 예수 부활 생명의 날로서 하나님이 주인이신 날입니다. 그러므로 주일에는 주님을 위하여 예배하며, 주님 안에서 안식해야 합니다. 주일성수는 오늘날 우리들이 다시 회복해야 할 주의 계명임을 명심해야 합니다.

| 결론 |

어떤 사람들은 예수님께서 오셨으니 이제 율법과 계명은 구약의 산물이고 예수님께서 폐하셨으니 믿는 우리와 상관이 없다고 가르치는 사람들이 있는데, 그것은 율법과 계명의 목적을 잘 이해하지 못하기 때문에 나타나는 오해입니다.

하나님의 계명은 지금도 유효합니다. 앞에서 공부한 네 가지 계명을 어기는 자는 살인을 하고 간음을 하고 도둑질을 한 죄보다 더 큰 죄라는 사실을 명심하고, 크고 첫째 되는 계명을 잘 지켜서 하나님과의 형통한 관계 속에서 하나님의 은혜와 복을 받고 사시기 바랍니다. 아멘.

| 공동기도 |

1. 모든 계명을 철저히 지키되, 특별히 크고 첫째 되는 하나님에 대한 계명을 잘 지키게 해달라고 기도하자.

2. 하나님과 형통한 성도가 되어 육체가 복을 받게 해달라고 기도하자.

41과. 보응하시는 하나님

찬송_ 28장(새 28장), 458장(새 405장)
본문_ 시 1:1-6

"무릇 의인들의 길은 여호와께서 인정하시나 악인들의 길은 망하리로다."(시 1:6)

하나님은 공의로우신 분으로서 이 세상에 대해 공의롭게 판단하시고 심판하시는 주님이십니다. 오늘 제목이 보응하시는 하나님인데, 보응이란 뜻은 '보답하여 준다.' 라는 뜻으로서 선한 일을 행한 자에게는 반드시 선한 보응을 해 주시고 악한 일을 행한 자에게는 반드시 망하게 하는 보응을 해 주시겠다는 것입니다.

그래서 본문 6절에, "대저 의인의 길은 여호와께서 인정하시나 악인의 길은 망하리로다"라고 말씀하신 것입니다. 그러므로 성도는 보응하시는 하나님의 공의로우심을 잘 알고 영적 생활을 다음과 같이 잘 해야겠습니다.

1. 하나님은 죄악을 반드시 심판으로 보응하심

하나님은 선하시기에 죄악은 하나님의 원수요 심판의 대상입니다. 그러면 하나님께서 정하신 죄악의 심판의 기준은 무엇이겠습니까? 그것은 바로 우리에게 주신 하나님의 말씀으로서, 이 말씀을 거역하고 불순종하는 모든 행위를 죄악이라고 합니다.
죄악은 하나님의 심판의 대상으로서 어느 누구도 예외가 될 수 없습니다. 하나님께서는 독생자에게 온 세상의 죄를 다 짊어지게 하셨기에, 아들이라도 십자가상에서 온갖 저주 속에서 죽으심의 형벌을 받게 하심으로, 이 세상에 하나님의 말씀과 법을 어기면 누구나 예외 없이 하나님의 심판을 피할 수 없음을 보여 주신 것입니다.
그러므로 성도는 하나님의 말씀을 생명처럼 여기고 어떤 말씀일지라도 100% '예'로 순종하여 불순종의 심판을 받지 말아야 합니다. 하나님께서는 범죄한 우리들을 보응의 심판을 받지 않도록 예수 그리스도 보혈의 은혜를 주셨으니 혹 죄악을 범했다면 지체하지 말고 회개하여 주홍 같을지라도 눈과 같이 희게 해 주시고 진홍같이 붉을지라도 양털같이 되게 하시는 하나님의 은혜를 받아야 합니다. 그렇게 살아야 죄악의 보응을 피할 수 있습니다.

2. 하나님은 선한 일을 반드시 복으로 보응하심

하나님은 원래 복 주시는 주님으로서 말씀에 순종하는 자들에게 복을 각각 내려주십니다. 그런데 때로는 그 말씀에 순종할 여러 가지 세상적으로 불이익과 위기가 찾아올 수 있지만, 그것을 무릅쓰고 하나님의 말씀에 순종하고, 그 뜻대로 살 때에 하나님께서는 반드시 선한 열매로 보응해주십니다.
우리가 하나님의 말씀에 순종하며 충성한 모든 믿음의 행위는 절대로 쓸데없이 버려지거나 없어지지 않습니다. 100% 하나님께서 기억하신다는 것을 믿어야 합니다. 그리고 하나님께서 우리의 삶의 적절한 순간마다 필요한 것으로 채워주시며 우리를 항상 의의 길로 인도해주십니다.
그러므로 성도는 하나님의 영광을 위하여 살아야 하고, 하나님을 기쁘시게 하는 삶을 살아야 하고, 주님의 몸 된 교회를 위하여 열심히 충성 · 헌신하며 살아야 합니다. 하나님께서는 이런 헌신의 모습을 보시고 그 성도의 삶 속에 복으로 보응해 주시고, 또 그의 자손들이 누릴 수 있도록 복으로 갚아 주십니다.

| 결론 |

하나님은 지금도 살아 계셔서 이 세상 모든 사람들의 이 땅에서의 삶을 전부 기록하고 계심을 알아야 합니다. 그러므로 성도는 이 땅에 살면서 행하는 모든 일거수일투족이 하나님의 레이더망 속에 들어가 있음을 알아야 합니다. 죄악은 최대한 피해야 하고, 선한 일은 되도록 많이 하여 의인의 길을 인정하시고 도우시는 하나님의 은혜로 살아야 합니다.

| 공동기도 |

1. 혹시 악한 일을 하고 있다면 철저히 예수 그리스도의 보혈로 회개하자.

2. 남은 생애 동안, 더욱 하나님을 기쁘시게 하여 선한 보응을 받기 위하여 기도하자.

3. 우리의 헌신이 자손들의 복과 저주의 기준이 될 수도 있음을 깨달아 자손들로 복을 받게 하는 성도가 되자.

42과. 말씀을 편식하지 말라

찬송_ 219장(새 540장), 502장(새 445장)
본문_ 왕하 5:8-14

"나아만이 이에 내려가서 하나님의 사람의 말대로 요단 강에 일곱 번 몸을 잠그니 그의 살이 어린 아이의 살 같이 회복되어 깨끗하게 되었더라."(왕하 5:14)

하나님께서 계명과 율례와 법도를 내려 주시기 전에는 단발적으로 믿음의 사람들에게 말씀으로 명하시며, 그 말씀의 순종과 불순종에 따라 각각 그 결과를 경험하게 하셨습니다. 아담은 불순종하여 본인과 모든 사람이 죄를 범해 사망에 이르게 되었고, 노아는 방주를 만들라는 말씀에 순종해서 노아와 그 가족은 홍수의 심판에서 구원받았습니다.

아브라함도 말씀에 순종해서 100세에 이삭을 낳게 되었고, 히브리 민족의 조상이 되어 큰 민족을 이루리라는 그 말씀을 경험하였습니다. 그런가 하면 롯의 두 사위는 하나님의 말씀을 농담으로 여기다가 심판받았으며, 롯의 처도 끝까지 돌아보지 말라 하신 하나님의 말씀에 불순종하여 결국 소금기둥이 되고 말았습니다.

하나님의 말씀은 아무도 변궤할 수 없는 명령입니다. 자기의 생각과 뜻과 지식과 경험과 다르고 이해가 되지 않는다 할지라도, 전능하신 하나님의 말씀에 무조건 순종할 때 믿음의 사람으로 인정받게 되고 그 말씀을 경험하게 됩니다. 그러므로 우리는 아람나라 군대장관 나아만을 통해서 하나님의 말씀에 순종을 경험하는 믿음의 사람이 되어야겠습니다.

1. 나아만은 갈급한 사람

군대 장관인 나아만은 전쟁에서 공을 세워 높은 지위를 얻었지만 그의 육체는 문둥병자로서 심한 좌절감과 수치심에 사로잡힌 사람이었습니다. 그래서 그의 마음속에는 '혹시 이 병을 고치는 방법이 없나?' 하고 늘 생각하는 중에 전쟁터에서 붙잡아 온 이스라엘의 어린 여종으로부터 엘리사에 대한 소문을 듣고 왕의 허락을 받아 많은 선물을 준비하여 만나러 가게 됩니다. 이때까지만 해도 나아만은 하나님의 사람에 대한 소문을 믿고, 믿음으로 순종했습니다.

우리는 육신이 연약할 때, 예수님에 대한 소문을 듣고 나아가는 믿음의 사람이 되어야 합니다. 나아만이 치료 받은 후의 사례까지를 생각하며 선물을 준비한 것처럼 우리도 구원 받을 은혜, 치료 받을 은혜, 축복받을 은혜를 미리 생각하며 하나님의 은혜에 감사하는 마음의 준비로 하나님께 나아가야 합니다.

2. 나아만은 순간 실수로 교만한 죄를 범하려 함

나아만을 향해서 요단강에 일곱 번 몸을 씻으라 하는 엘리사의 말을 종으로부터 전해들은 그는, 자신의 처지를 잊은 채 순간 교만한 마음과 불쾌한 마음이 들어 자신의 나라로 돌아가려고 했었습니다. 자신이 비록 문둥병자이긴 하지만 얼굴도 내밀지 않고 안수도 직접 해 주지 않는 엘리사에 해한 서운함 때문에 그 말씀에 불순종하려고 했던 것입니다.

우리도 얼마든지 이런 교만 때문에 믿음을 저버릴 수 있음을 알아야 합니다. 우리는 하나님의 말씀을 들을 때 모든 교만한 생각이나 자기 판단 등을 내세우면 절대로 안 됩니다. 전능하신 하나님께서는 자기 생각과 자기경험, 자기 뜻을 고집하는 이들에게 은혜를 베풀지 않습니다. 돌아가려는 나아만을 붙들어 돌이키게 한 것은 자신과 함께 동행한 종들의 간청 때문이었음을 잘 알아야 합니다. 하나님의 말씀은 사정하지 않습니다. 그러므로 우리는 나아만과 같은 순간적인 실수를 범하지 말아야 합니다.

3. 나아만은 돌이킴에 승리한 사람

순간의 교만과 불쾌함으로 돌아가려던 나아만은 종들의 말을 듣고 이내 정신을 차리고 요단강에 가서 옷을 벗고 일곱 번을 물에 담그게 됩니다. 이런 행동은 바로 회개의 행동이었습니다. 여러 가지로 불쾌함과 교만이 있었지만 이내 그 고집을 꺾고, 자존심을 다 버리고, 하나님의 말씀에 순종할 때 치료와 구원과 회복의 말씀을 경험하게 됩니다.

| 결론 |

하나님의 말씀에 순종한 나아만 장군은 결국 평생 동안의 수치였던 문둥병에서 고침을 받아 그 피부가 어린아이처럼 깨끗하게 희어졌습니다. 이것은 하나님의 말씀에 순종한 결과였습니다. 우리도 나아만 장군의 경험을 거울삼아 승리하는 믿음의 사람이 되어야겠습니다.

| 공동기도 |

1. 항상 하나님의 은혜를 간구하기 위해서 기도하자.

2. 절대 교만하지 말고, 겸손하게 하나님의 말씀에 순종하여 승리하자.

43과. 하나님을 의지하라

찬송_ 478장(새 419장), 464장(새 406장)
본문_ 시 127:1-5

"여호와께서 집을 세우지 아니하시면 세우는 자의 수고가 헛되며 여호와께서 성을 지키지 아니하시면 파수꾼의 경성함이 헛되도다."(시 127:1).

솔로몬은 고백하기를, "여호와께서 집을 세우지 아니하시면 세우는 자의 수고가 헛되며 여호와께서 성을 지키지 아니하시면 파수꾼의 경성함이 허사"라고 하였습니다. 부귀영화도 하나님께서 지켜주심으로 누릴 수 있음을 고백한 것입니다.

이런 고백은 다윗에게도 나타내는데 시 23:1의 "여호와는 나의 목자시니 내게 부족함이 없으리로다" 한 고백과 같습니다. 다윗도 오직 여호와가 자신의 목자가 되어 주셔야만 부족함이 없음을 고백하였습니다. 다윗과 솔로몬은 막강한 권력을 가진 왕이면서도 이런 고백을 했는데 왕도 아닌 평범한 우리들이 이런 고백을 하지 않는다면 어떻게 살아갈 수 있겠습니까?

이제, 우리도 하나님만 의지하는 삶을 살아야겠습니다.

1. 하나님만이 우리의 참된 보호자

하나님은 무소부재하신 분으로서 어디에서나 존재하시며 하나님의 자녀들을 불꽃같은 눈동자로 지켜주시고 보호해 주십니다. 성도는 하나님께서 항상 나와 함께하시는 임마누엘 신앙으로 무장해야 하며 전능하신 하나님께서 자신을 지켜주고 계심을 의식해야 합니다.
애굽으로 팔려가 종살이했던 요셉이 모든 어려움과 고난을 물리칠 수 있었던 것이 바로 임마누엘 신앙으로서 애굽으로 팔려갈 때도, 보디발의 집에서 하인으로 살 때도, 또 보디발의 아내의 모함으로 감옥에 내려갈 때도 어느 곳이든지 하나님께서 자신과 함께 하시면서 지켜주신다는 믿음 때문에 승리할 수 있었습니다.

2. 하나님만이 안식의 은혜를 주심

하나님께서 일곱째 날을 복 주사 거룩하게 하시며 그날에 안식하셨습니다. 그래서 맨 마지막에 만들어진 사람은 바로 그 다음날부터 안식을 먼저 경험하였습니다. 사람에게 제일 먼저 주신 것이 안식의 복이었습니다. 그런데 아담의 범죄로 이 안식을 빼앗기게 되었습니다.
그래서 구약에는 예루살렘, 즉 평안이 예비된 곳이라는 뜻의 성전을 건축하게 하여 그 곳에서 안식하게 했으며 이 땅에 오시는 예수님을 평강의 왕이라 일컫는다고 사 9:6에 말씀하셨습니다.
평강의 왕이신 예수님 안에 거할 때에야 비로소 참된 안식을 누리게 됩니다. "수고하고 무거운 짐진 자들아 다 내게로 오라. 내가 너희를 쉬게 하리라"(마 11:28) 하신 분이 바로 예수님이십니다. 그러므로 오직 예수님 안에서 인생을 살아가야지 참된 안식을 누리게 됩니다.

3. 하나님만이 참된 행복을 주심

하나님께서는 이스라엘을 향해 "이스라엘이여 너는 행복자로다 여호와의 구원을 너같이 받은 백성이 누구뇨 그는 너를 돕는 방패시오 너의 영광의 칼이시로다. 네 대적이 네게 복종하리니 네가 그들의 높은 곳을 밟으리로다" 라고 신 33:29에 말씀하셨습니다. 애굽에서 종살이하던 이스라엘을 광야로 인도하신 하나님께서는 가나안 땅을 목전에 둔 그들에게 '너희가 행복자' 라고 말씀하셨습니다.

하나님만이 행복을 주시는 분이라고 말씀하시니 오직 하나님을 사랑하며 그의 명령과 규례를 철저히 지켜서 하나님 앞에 행복자로 살아야 합니다.

| 결론 |

오늘의 말씀은 가정과 평안과 안식과 자녀들이 누리는 복에 대한 고백입니다. 이 모든 평안이 천지만물을 주관하시는 하나님의 손에 달려 있음을 고백한 것이며, 오직 하나님만을 의지할 때에 이루어지는 것임을 깨우쳐 주십니다.

우리가 더욱 하나님만을 의지하는 것만이 이 세상에서 보호받는 하나님의 자녀로서의 행복을 누림을 깨닫고, 반드시 이런 삶을 살기를 축복하며 축원합니다. 아멘.

| 공동기도 |

1. 나는 과연 하나님만을 의지하고 사는가를 점검해보고 또한 하나님을 얼마나 사랑하는지도 돌아보며 기도하자.

2. 하나님의 계명과 법을 철저히 지켜야만 그 법의 보호를 받을 수 있음을 깨닫고 평생을 살면서 끝까지 하나님만을 의지하는 삶을 살도록 기도하자.

44과. 하나님으로 세상에서 찬송을 받으시게 하라

찬송_ 179장(새 185장), 393장(새 350장)
본문_ 사 62:6-9

"또 여호와께서 예루살렘을 세워 세상에서 찬송을 받게 하시기까지 그로 쉬지 못하시게 하라."(사 62:7)

하나님은 영이시기에 그분은 눈으로 뵐 수 있다거나 손으로 만져지지 않습니다. 그런 하나님께서 당신의 모습을 직접 나타내셨으니 그분이 곧 하나님의 아들이신 예수 그리스도로서 이분은 하나님의 본체의 형상이요 하나님 영광의 광채이십니다.

예수님이 오시기 전의 구약시대에 나타나셔서 사람들의 눈에 어쩌다 보여졌던 하나님은 사실은 여호와의 이름으로 나타난 천사들이었습니다. 그래서 요 1:18에도 "본래 하나님을 본 사람이 없으되 아버지 품속에 있는 독생하신 하나님이 나타내셨느니라" 하셨고, 요 14:8에 아버지를 보여 달라고 하는 빌립의 간구에 예수님께서는 "나를 본 자는 아버지를 보았거늘 어찌하여 아버지를 보이라 하느냐" 하시며 당신이 눈으로 뵐 수 없는 하나님 아버지의 아들로서 하나님의 형상이요 보이는 하나님이요 나는 아버지 안에 있고 아버지는 내 안에 계시다고 말씀하셨습니다. 하나님께서 이렇게 아들로 당신을 나타내시고 보여주신 것은 이 세상에서 찬송을 받으시기 위함이셨습니다.

어둠이 짙은 이 세상에 빛으로 오셔서 어둠을 물리치시고, 생명의 빛을 비춰주셔서 어둠 속에 있는 모든 죄인들을 구원하여 하나님의 자녀로 낳아 빛 가운데 살게 해주시려고 아들로 나타내셨습니다. 그러므로 오늘, 빛으로 오신 예수님을 믿는 우리들도 이 세상에서 하나님이 찬송을 받으시도록 자녀로서의 사명을 잘 감당해야겠습니다.

1. 예수의 이름을 널리 전하고 자랑해야

하나님은 아들을 보내시면서 그 이름을 예수라 하시며, "이는 자기 백성을 저희 죄에서 구원하려 하심이라"고 마 1:21에 말씀하셨습니다. 하나님은 이 세상의 모든 인류를 구원하기 위해서 천하 인간에게 예수라는 이름 외에는 그 어떤 이름도 주신 적이 없다고 행 4:12에 분명히 말씀하셨습니다.

우리는 오직 예수님만이 유일한 구원자이심을 세상에 알리고 나타내야 합니다. 하나님께서는 이렇게 예수 이름을 전파하고 자랑하는 이들을 위하여 쉬지 않고 일하시며 도와주십니다.

2. 하나님의 아들이 하신 일을 적극 따라 해야

예수님은 이 세상에 오셔서 죽기가 무서워 마귀에게 종 노릇하는 자들을 구원하셨습니다. 그래서 원수 마귀를 멸하시며 믿는 우리들을 하나님의 자녀로 거듭나게 하시고 자녀의 권세를 주셨습니다. 하나님의 자녀들은 이 세상의 어둠의 주관자들인 악한 영들을 대적하여 물리쳐야 하며, 이 세상에 하나님의 나라를 선포해야 합니다. 벧전 5:8-9에도 보면 "근신하라 깨어라 너희 대적 마귀가 우는 사자같이 두루 다니며 삼킬 자를 찾나니 너희는 믿음을 굳게 하여 저를 대적하라 이는 세상에 있는 너희 형제들도 동일한 고난을 당하는 줄을 앎이니라"고 하셨습니다. 우리가 아무리 착하게 살고, 좋은 일을 많이 하며, 온갖 충성을 다해도 원수 마귀는 우리에 대한 공격을 포기하지 않고 호시탐탐 공격 기회를 노리는 게 영적 현실입니다. 이는 마치 세상 사람들 중에 아무리 성인군자요 불쌍한 사람을 많이 돕고 많은 사람에게 존경을 받는 위치에 있다 하더라도 도둑이나 강도나 교통사고나 질병 같은 위험에 언제든지 노출될 수 있는 것과 같은 이치입니다.

하나님의 자녀들은 하나님의 자녀의 권세를 갖고 마귀를 대적하며 적극적으로 공격하고 죽기를 무서워하여 종 노릇 하는 자들을 구원하여 하나님을 찬송받게 해 드려야 합니다.

| 결론 |

하나님은 아들을 이 세상에 보내시면서 세상에서 찬송을 받으시기 원하십니다. 그러므로 자녀들은 이 세상에서 하나님이 찬송을 받으시도록 예수의 이름을 전파하고 자랑하여 이 세상에 나타나고, 또 예수 이름의 권세를 적극 사용하여 마귀를 대적하고, 불쌍한 많은 영혼들을 구원하여 이 세상에서 하나님이 찬송을 받게 해드려야 합니다.

| 공동기도 |

1. 하나님으로 세상에서 찬송을 받게 해 드리는 자녀가 되도록 기도하자.

2. 예수 이름을 전파하고 자랑하는 성도가 되도록 기도하자.

3. 예수 이름의 권세를 사용하여 마귀를 대적하는 성도가 되도록 기도하자.

45과. 다른 복음을 좇지 말라

찬송_ 201장(새 267장), 205장(새 287장)
본문_ 갈 1:6-10

"그러나 우리나 혹은 하늘로부터 온 천사라도 우리가 너희에게 전한 복음 외에 다른 복음을 전하면 저주를 받을지어다."(갈 1:8)

우리가 구원받은 것은 하나님의 사랑과 전적인 은혜로 이루어진 것입니다. 그 당시에 갈라디아 교회에는 이방인들 중에서 예수 믿고 구원받은 사람들이 신앙생활을 하고 있었는데, 율법을 지켜야 구원을 받는다고 전하는 순회전도자들에 의해 혼란을 겪고, 그로 인해 하나님의 은혜로 구원받는 믿음이 훼손되었습니다.
이것을 바울은 다른 복음이라고 하면서 이를 전하면 저주를 받을 것이라고 경고하였습니다.
우리는 오직 예수, 오직 성경, 오직 믿음으로만 구원받는 신앙을 지켜야만 하나님의 은혜로 구원받을 수 있음을 깨달아 바른 복음으로 믿어야 합니다.

1. 종교다원주의를 배격해야

종교다원주의는 모든 종교에 구원이 있음을 주장하는 사상입니다. 지금 한국교회 내에도 에큐메니컬 계통의 신학사상을 받아들인 교파와 교회 중에서 이런 종교다원주의를 주장하는 교회들이 있습니다. 그래서 이들은 다른 종교인들에 대한 개종 전도금지와 함께 종교평화연합 운동을 함께하면서 서로 간의 문화 교류와 해당 종교의 축일에 서로 축하하는 현수막과 성명을 내고 서로를 인정하는 행동을 합니다.

이런 것을 잘 알지 못하는 일부 기독교인들에게 혼란을 주고 더 나아가 오직 예수로만 구원받는 기독교의 진리를 믿지 못하게 하고 있습니다. 요 14:6에, 오직 예수님만이 하나님 아버지께로 갈 수 있는 유일한 길이요 진리요 생명이라고 말씀하셨습니다. 우리는 예수 외에도 구원받을 수 있다고 하는 다른 복음을 받아들이면 안 됩니다.

2. 기독교는 이 세상에 평화를 주는 신앙이 아님

예수님께서 눅 12:49-53에서, "내가 세상에 화평을 주려고 온 줄로 아느냐? 내가 너희에게 이르노니 화평이 아니라 도리어 분쟁케 하려 함이로다. 이후부터 한집에 다섯 사람이 있어 분쟁하되 셋이 둘과 둘과 셋이 하리니 하시며 심지어는 너의 집안 식구가 원수니라" 라고까지 말씀하신 것은, 예수 그리스도를 믿는 신앙 때문에 가족으로부터도 핍박과 환난을 당할 수 있음을 말씀하시는 것으로서 그 이유는 믿지 않는 자들이 하나님의 원수인 마귀에게 속해 있기 때문입니다.

기독교 신앙이 이 세상과 평화를 이루기 위하여 사회구원이라든지 소위 소외계층, 특히 동성애자 같은 죄악까지 인정하는 것은 다른 복음으로서 하나님의 심판을 받게 됩니다. 예수님이 이 땅에 탄생하셨을 때 천사들이 노래하기를 "땅에서는 기뻐하심을 입은 자들 중에 평화"라고 하신 말씀(눅 2:14)을 잘 명심하고 무분별한 이 세상의 평화를 주장하여 복음을 훼손하는 일을 절대 삼가야 합니다.

3. 거짓 선지자들을 배격해야

다른 복음을 전하는 자들은 혹 하늘로부터 온 천사라도 저주를 받는다고 했으며 10절에도 사람들에게 좋게 하지 말고 하나님께 좋게 하라고 하셨습니다. 이런 잘못된 다른 복음을 전하고 주장하는 사람은 누구든지 경계하고 배격해야 하며 그들의 무리 속에서 나와야 합니다.
마 7:21에도 "나더러 주여 주여 하는 자마다 천국에 다 들어갈 것이 아니요 다만 하늘에 계신 내 아버지의 뜻대로 행하는 자라야 들어간다"고 하셨습니다. 우리는 철저하게 하나님의 뜻대로 진리의 복음만을 믿고 거짓 선지자들을 분별하여 정확한 신앙생활을 해야 합니다.
사람이 의롭게 되는 것은 오직 예수 그리스도를 믿음으로 말미암는 것이요(갈 2:16) 이제 내가 산 것은 나를 사랑하사 자기 몸을 버리신 하나님의 아들을 믿는 믿음 안에서 사는 것입니다.

| 결론 |

우리의 믿음은 오직 예수로만 구원 받고, 오직 성경만이 유일무이(唯一無二)한 하나님의 언약이고, 오직 믿음으로만 구원받고 진리를 믿고 살아야 구원을 받는 것이니 끝까지 믿음으로 승리합시다.

| 공동기도 |

1. '평생을 바른 진리의 복음으로 승리하게 해 주세요' 라고 기도하자.

2. 오직 예수, 오직 성경, 오직 믿음으로 끝까지 믿음으로 승리하도록 기도하자.

46과. 행함으로 믿음을 보여 드려라

찬송_ 411장(새 536장), 434장(새 384장)
본문_ 약 2:20-26

"영혼 없는 몸이 죽은 것 같이 행함이 없는 믿음은 죽은 것이니라."(약 2:26)

하나님과의 모든 관계는 믿음으로만 이루어집니다. 그래서 히 11:6에도 "믿음이 없이는 하나님을 기쁘시게 못하나니 하나님께 나아가는 자는 반드시 그가 계신 것과 또한 그가 자기를 찾는 자들에게 상 주시는 이심을 믿어야 할지니라"고 하셨습니다.

하나님은 지금도 살아 계시는 창조주이심을 믿고, 또한 하나님의 입으로 하시는 모든 말씀은 하나님께서 이루어주시는 언약임을 믿고 사는 것이 바로 믿음입니다.

하나님의 말씀은 법이고 명령으로서 반드시 순종, 즉 행함으로 그 말씀을 믿는 믿음, 즉 그 말씀하신 하나님이 살아 계셔서 그 말씀을 이루는 분이심을 믿는 믿음이므로, 야고보 기자는 행함이 없는 믿음을 죽은 믿음이라고 한 것입니다. 하나님께서 진정 원하시는 살아 있는 믿음이 무엇인가를 잘 깨달아 믿음의 사람이 되어야겠습니다.

1. 믿음은 마음으로 믿는 것

하나님께서는 우리의 마음속에 자유의지를 주셔서 순종과 거부의 결단력을 주셨기에, 믿음의 첫 단계는 마음으로 그 말씀이 하나님이심과 하나님께서 이루어주심을 인정하는 마음의 결단을 요구합니다. 그래서 예수를 믿어 구원받을 때의 첫 단계가 "마음으로 믿어 의에 이르고"였습니다. 사랑하는 연인도 먼저 마음으로 서로를 사랑해야 그다음에 행동이 나오게 되어 있습니다.

마음에 없는 말과 행동은 거짓이고 가식이기에 그것을 위선이라고도 합니다. 그러므로 우리의 이성과 판단으로는 이해가 안 되고 납득이 안 되어도 하나님의 말씀은 곧 하나님이심을 믿는 믿음으로, 말씀을 가로막는 그 어떤 것도 과감히 끊어버리는 결단이 있어야 합니다.

2. 마음으로 믿었으면 입술로 시인해야

하나님의 말씀이 하나님이라는 사실을 마음으로 믿었으면 그때부터는 입술로 시인하는 행함의 믿음으로 나아가야 합니다. 마음으로 믿었으면 그 믿은 말씀이 내게 이루어진다고 입술로 시인해야 합니다. 그래서 구원도 "마음으로 믿어 의에 이르고 입으로 시인하여 구원에 이르느니라."고 롬 10:10에 말씀하신 것입니다.

하나님의 뜻을 위하여 믿음으로 구했으면 그것이 내게 이루어지고 또 이루어질 수밖에 없음을 입술로 시인해야 그 마음속의 믿음을 행함으로 하나님 앞에 보여드리는 것입니다.

아픈 사람이 예수 그리스도의 이름으로 안수를 받았으며, 비록 통증이 그대로 있고, 아니 더 심해진다 해도 입술로는 나는 예수님이 치료해 주셨다는 것을 입술로 시인할 때, 하나님께서는 우리 마음속의 믿음을 인정하시고 그 믿음대로 역사해 주십니다.

3. 입술로 시인했으면 행동으로 옮겨야

마음속의 믿음을 행동으로 옮기는 것을 적극적인 믿음이라고 합니다. 태어날 때부터 소경이었던 바디매오도 예수님이 부르시자 소경과 거지의 표시였던 겉옷을 과감히 벗어던지고 예수님께로 나아가 결국 그 소원을 이루게 되었습니다.
저도 교회개척 때부터 성도들에게 침수례를 베풀고 싶어서 목욕탕 주인이라도 보내주셔서 정기휴일에 냉탕에서라도 침수례를 베풀게 해 달라고 기도하면서, 계속해서 해마다 성도들과 함께 바다나 계곡과 강을 찾아가서 침수례를 베풀며 끝까지 기도했습니다. 그러나 포기하지 않고 끝까지 침수례를 베풀면서 기도했더니 15년 만에 교회를 건축하게 하시고, 7층에 침례탕을 만들어 주셔서 지금까지 교회에서 침수례를 행하도록 응답해 주셨습니다.

| 결론 |

하나님은 믿음의 사람을 찾고 계십니다. 그러나 많은 사람들이 믿음이 무엇인지 잘 모르고 있기에 하나님을 경험하지 못하고 불신이나 의심으로 하나님을 떠나고 맙니다.
오늘, 믿음이 무엇인지 알았으니 그대로 순종하여 믿음의 사람으로 승리하시기를 축원합니다.

| 공동기도 |

1. 하나님의 말씀을 그대로 믿는 성도가 되도록 기도하자.
2. 마음의 믿음을 입술로 시인하는 성도가 되도록 기도하자.
3. 행함으로 끝까지 달려가는 성도가 되도록 기도하자.

47과. 하나님은 당신을 나타내신다

찬송_ 78장(새 478장), 427장(새 191장)
본문_ 요 14:16-21

"나의 계명을 지키는 자라야 나를 사랑하는 자니 나를 사랑하는 자는 내 아버지께 사랑을 받을 것이요 나도 그를 사랑하여 그에게 나를 나타내리라."(요 14:21)

하나님은 영으로서 볼 수도 없고, 만져 볼 수도 없는 분이십니다. 그러나 자신이 창조주이심을 알려주시며, 하나님을 믿고 알도록 계시해 주셨습니다. 그러므로 누구든지 '난 하나님을 몰라서 못 믿었다' 고 핑계할 수가 없다고 롬 1:20에 분명히 말씀하시고, 하나님께서는 당신을 사랑하여 그의 계명들을 지키는 자들에게는 아낌없이 당신을 나타내 주신다고 말씀하셨으니 그분이 곧 예수님이시며, 성령입니다.
우리는 철저하게 순종하여 하나님의 살아계심을 믿고 살아야겠습니다.

1. 말씀과 계명으로 하나님의 존재를 나타내주심

하나님의 말씀은 법과 명령으로서 살았고 운동력이 있어서 좌우에 날선 검과 같습니다. 하나님의 말씀을 하나님으로 믿고 이유의 여하를 막

론하고 그 말씀에 순종하며 살아야 합니다. 하나님께서는 우리를 영원히 살게 하시려고 말씀을 주셨으며, 또한 이 세상에 사는 동안에도 하나님의 은혜와 복으로 살도록 말씀을 주셨으니 이것이 우리를 향한 하나님의 사랑이십니다.

성도는 하나님의 말씀을 최우선으로 삼고 그 말씀의 법에 순종하며 살 때 살리시고 치료하시고, 회복시키시는 하나님을 경험하며 살게 됩니다. 성경에는 이렇게 하여 하나님을 경험한 수많은 믿음의 선배들의 경험담이 기록되어 있으니 우리도 반드시 순종하여 믿음의 사람이 되어야 합니다.

2. 독생자에 의하여 하나님의 존재를 나타내시고 보여주심

예수님은 눈으로 뵐 수 없는 하나님의 본체의 형상으로서 예수님을 본 사람은 곧 하나님 아버지를 본 사람이 됩니다. 예수님이 이 세상에 33년간 계실 때 살았던 사람들은 정말 큰 복을 받은 사람들로서 하나님을 직접 뵈는 축복을 받은 사람들이었습니다.

당시에 이 세상에 오셨던 예수님은 철저하게 구약 예언의 말씀을 이루기 위하여 오신 분으로서 가난을 경험하심도, 채찍에 맞으심도, 십자가를 지심도, 그리고 결국 골고다에서 죽으심도 구약의 말씀을 이루시기 위한 희생이셨습니다.

예수님을 그리스도요 살아 계신 하나님의 아들이심을 믿는 자들만이 구원받을 수 있고, 하나님의 자녀로 거듭날 수 있고, 하나님을 아바 아버지라 부르며 간구할 수 있습니다.

3. 보혜사 성령에 의하여 하나님의 존재를 나타내주심

예수님은 당신이 십자가에 달려 죽으시고 약속대로 사흘 만에 부활하시고 또 승천하셔서 아버지께로 가서 보혜사 성령을 보내 주신다고 하셨습니다. 그러므로 성령을 받으라 하시고 성령께서 오심이 곧 예수님이 내 안에 영으로 계시는 것이요, 또 영원토록 떠나지 않고 함께 사시는 증거라고 하셨습니다.

성도는 보혜사 성령을 영접하는 것이 우리의 구원자 되신 예수님을 만나고 경험하고 동행하는 것임을 믿어야 합니다. 그래서 항상 성령님을 의지하고 성령님께서 기뻐하시는 삶을 살 때 성령께서 역사하시며 권능과 응답으로 당신이 살아 계시는 것을 나타내 주십니다.

| 결론 |

성도는 예수 그리스도를 사랑하며 믿고 의지하며 항상 하나님의 말씀에 순종하며 살아야 합니다. 그리고 보혜사 성령님을 영접하고 의지하면서 성령께서 생각나게 하시고 깨우쳐 주시는 말씀대로 살 때, 우리의 삶을 에녹처럼 하나님과 동행하는 믿음의 사람이 되어 하나님이 주시는 은혜와 상으로 살아가게 됩니다.

| 공동기도 |

1. 하나님의 말씀과 계명대로 철저히 순종하여 그 말씀을 경험하는 성도가 되게 해 달라고 기도하자.

2. 오직 예수님만이 유일한 구원자시오 하나님의 아들이심을 믿고, 예수님만을 사랑하며 믿고 의지하게 해 달라고 기도하자.

3. 보혜사 성령님을 영접하고 항상 주인으로 모시고 사는 성도가 되도록 기도하자.

48과. 세상을 이기는 믿음

찬송_ 359장(새 325장), 91장(새 91장)
본문_ 요일 5:4-12

"무릇 하나님께로부터 난 자마다 세상을 이기느니라 세상을 이기는 승리는 이것이니 우리의 믿음이니라."(요일 5:4)

하나님은 이 세상에 아들을 보내시면서 그 이름을 예수라 하시며 아들을 믿는 자는 멸망치 않고 영생을 얻는다고 말씀하셨습니다. 이 땅에 오셨던 하나님의 아들은 영원 전부터 하나님 품속에 계신 말씀이었으며 바로 그 말씀이 육신이 되어 이 세상에 나타나셨으니, 그분이 곧 그리스도요 하나님의 아들로서 우리의 구원자이신 것입니다. 하나님은 아들을 보내시면서 세상임금을 심판하시고(요 12:31), 마귀의 일을 멸하러 아들을 보내시고 그 밑에서 죽기를 무서워 종 노릇 하는 죄인들을 구원한 것입니다.

예수님을 믿는 하나님의 자녀들이 세상임금 노릇 하는 마귀의 궤계를 물리치고 이기기 위해서 오직 예수님의 이름과 예수님의 보혈을 믿는 믿음으로만 무장해야 합니다. 하나님 품속에 계셨던 말씀이 육신이 되어 이 세상에 오셔서 하나님 아버지의 뜻을 이루시고 하나님 보좌 우편으로 오르신 예수님께서 이 세상에 오셔서 남기고 가신 것이, 예수님의 이름과 예수의 보혈 두 가지로서 세상임금인 원수 마귀를 이기는 능력이 바로 예수의 이름과 예수의 보혈임을 믿고 다음과 같이 적극적으로 사용해 승리해야 합니다.

1. 예수의 이름이 세상임금을 이기는 능력입니다.

사람의 이름에도 각각 그 이름에 걸맞은 권세가 있음을 우리는 잘 알고 있습니다. 예를 들어 대통령의 이름의 권세와 일반 서민의 이름의 권세가 같지 않음을 알고 있는 것처럼, 예수 이름은 하나님의 이름으로서 이 이름의 권세로 세상임금을 멸하고 물리칠 때 원수 마귀는 한 길로 왔다가 일곱 길로 도망가게 됩니다. 마 16:17에도 시몬 베드로가 "주는 그리스도시요 살아 계신 하나님의 아들이라"고 하자, 예수님께서는 이 반석 위에 내 교회를 세우리니 음부의 권세가 교회를 이기지 못한다고 하셨습니다.
예수님께서는 너희가 내 이름으로 귀신을 쫓아내는 표적이 따른다고 하셨으며, 예수 이름으로 무엇을 구하든지 시행하시겠다고 요 14:13에 약속하셨으니 우리는 오직 하나님의 이름이신 예수의 이름으로 세상을 이기며 살아야 합니다.

2. 예수님의 보혈이 세상임금을 이기는 능력입니다.

예수님께서 골고다 산상에서 흘리신 보혈은 원수 마귀가 예수님을 죽이려고 흘린 물증으로서 바로 하나님을 대적한 증거입니다. 예수님께서 죽으신 것은 아버지의 뜻대로 스스로 죽으신 것으로서 원수 마귀가 능력이 있어서 예수님을 죽게 한 것이 아닙니다.
그래서 요 10:17-18에 "아버지께서 나를 사랑하시는 것은 내가 다시 목숨을 얻기 위하여 목숨을 버림이라. 이를 내게서 빼앗은 자가 있는 것이 아니라 내가 스스로 버리노라. 나는 버릴 권세도 있고 다시 얻을 권세도 있으니 이 계명은 내 아버지에게서 받았노라 하시니라" 하신 것입니다.
하지만 원수 마귀는 이런 사실을 모른 채 자신이 예수님을 죽이면 승리할 수 있다고 착각하여 예수님의 몸을 쳐서 피를 흘리게 했으니, 이때 흘리신 예수님의 피가 바로 세상 임금 원수 마귀가 예수님을 대적한 물증이 되어 하나님의 심판을 받게 된 것입니다. 그래서 원수 마귀는 예수 그리스도의 보혈을 무서워하기에 세상 임금인 마귀를 이기는 능력이 바로 예수 그리스도의 보혈이라는 것입니다.

| 결론 |

이 세상은 이 세상에 사는 온 인류를 말하는 것이요, 이 세상을 이긴다는 것은 곧 이 세상 임금인 하나님의 원수 마귀를 이기는 것을 말합니다. 따라서 이 세상을 이기는 믿음은 오직 예수의 이름과 예수님의 보혈밖에 없음을 깨닫고 예수의 이름과 예수의 보혈의 능력을 적극적으로 사용해야 원수 마귀를 물리치고 승리할 수 있습니다.

성도는 이 세상에 다른 방법으로 세상임금 마귀를 이길 수 없음을 알고 적극적으로 예수의 이름과 보혈로 승리하시기를 축원합니다. 아멘.

| 공동기도 |

1. 예수님의 이름을 적극적으로 사용하는 권세 있는 성도가 되도록 기도하자.

2. 예수님의 보혈을 적극적으로 의지하여 능력 있는 성도가 되도록 기도하자.

49과. 여호와께 은혜를 입어라

찬송_ 40장(새 310장), 486장(새 368장)
본문_ 창 6:5-12

"이르시되 내가 창조한 사람을 내가 지면에서 쓸어버리되 사람으로부터 가축과 기는 것과 공중의 새까지 그리하리니 이는 내가 그것들을 지었음을 한탄함이니라 하시니라 그러나 노아는 여호와께 은혜를 입었더라."(창 6:7-8)

세상 죄악이 관영한 세대입니다. 하나님께서는 노아시대 때, 세상의 죄악을 보시며 사람 지으셨음을 한탄하사 홍수로 심판하시기로 결정하셨는데 그중에 노아에게는 은혜를 베풀어 주시는 것을 볼 수 있습니다.
하나님의 심판이 온 세상에 임하실 때도 노아처럼 은혜를 받는 사람이 있음을 통해 우리 모두도 하나님께 은혜 받는 성도가 되어야 합니다.
하나님께서는 당시 노아를 향해 의인이요, 당세에 완전한 자요 하나님과 동행하는 사람이라고 하셨습니다.
바로 이런 노아의 하나님을 향한 평소의 삶이 하나님의 은혜를 받게 되었음을 깨닫고, 우리도 노아처럼 은혜 받는 성도가 되어야겠습니다.

1. 노아는 하나님께서 인정하신 의인

여기에, 의인이라 함은 죄가 없다는 뜻이 아니고, 하나님을 경외하는 사람이었다는 뜻으로서 평소에 하나님을 존중하여 말씀에 늘 순종하며 살았다는 뜻입니다. 평소의 삶 속에 하나님의 말씀에 철저하게 순종하는 모습을 하나님께서 보셨기에 방주를 지으라는 그 말씀에도 순종할 것을 아시고 하나님께서 노아에게 은혜를 베푸신 것입니다.
우리도 평소에 말을 잘 듣고 순종하는 자녀에게 중요한 일을 맡기고 시키기도 합니다. 교회에서도 마찬가지입니다. 목회자의 입장에서도 평소에 직분도 잘 감당하고 순종 잘하는 성도를 신뢰하며, 중요한 직분을 맡기게 됩니다. 이와 같이 우리도 평소에 하나님의 말씀을 철저하게 순종하여 하나님으로부터 신뢰받는 의인이 되어야 합니다.

2. 노아는 당세에 완전한 자

완전하다는 것은 하나님처럼 완벽하다는 뜻이 아니고, 육체적인 신분과 삶을 의미합니다. 노아는 온 가족이 모두 하나님을 경외하는 완전한 가정을 이루었음을 말하는 것으로서 장차 방주를 지을 때도 온 가족이 합심하여 그 일에 동참할 수 있는 믿음의 가정을 이루어 준비한 것입니다.
우리도 믿음의 가문을 이루되 자녀들의 배우자까지도 절대 세속적인 기준을 앞세우지 말고 반드시 믿는 자들과 결혼하여 아름다운 완전한 가정을 이루어야 하나님의 일에 쓰임 받을 수 있고 하나님께 은혜를 받을 수 있습니다.

3. 노아는 하나님과 동행하는 자

하나님과 동행했다는 것은 무슨 일을 하든지 하나님의 일을 우선으로 했다는 뜻입니다. 에녹도 65세에 므두셀라를 낳고 300년 동안 하나님과 동행하며 자녀를 낳았기에 그것이 하나님께 인정되어 죽음을 보지 않고 하나님께로 옮겨졌습니다. 우리도 이제부터 평소에 삶 속에서 무슨 일을 하든지 하나님의 일을 우선하고 하나님께 기쁨을 드리는 삶을 살아야 합니다. 그렇기 때문에 노아도 자기 개인의 삶이 있지만 하나님의 명령이라면 자신의 사적인 삶을 뒤로하고 하나님의 말씀을 우선으로 살기 위하여 방주를 짓는 일에 심혈을 기울여 완성하게 된 것입니다.

| 결론 |

하나님께서는 우리들의 신앙생활을 평소에 유심히 관찰하고 계십니다. 우리는 하나님으로부터 매사에 은혜를 입고 살아야 하는데 그러기 위해서 우리는 철저하게 하나님의 말씀에 순종하여 하나님을 경외하는 의인이 되어야 하고, 또한 반드시 믿음의 가문을 이루어 온 가족이 하나님께 쓰임 받도록 영적 가정을 이루어야 합니다.

평소에 늘 하나님의 말씀을 우선하여 살면서 우리의 삶이 하나님과 동행하는 자가 되어야 하나님의 은혜를 받을 수 있음을 명심하고, 반드시 믿음으로 승리하는 성도가 되시기 바랍니다.

| 공동기도 |

1. 하나님 앞에 의인으로 살 수 있도록 기도하자.

2. 하나님 앞에 영적 가문을 이룰 수 있도록 기도하자.

3. 하나님의 말씀을 우선하여 동행하는 삶을 살도록 기도하자.

50과. 예수님만 앙망하라

찬송_ 395장(새 342장), 399장(새 546장)
본문_ 마 14:22-33

"밤 사경에 예수께서 바다 위로 걸어서 제자들에게 오시니 제자들이 그가 바다 위로 걸어오심을 보고 놀라 유령이라 하며 무서워하여 소리 지르거늘 예수께서 즉시 이르시되 안심하라 내니 두려워하지 말라."(마 14:25-27)

예수님께서는 제자들을 먼저 갈릴리 바다를 건너도록 배에 태워 보내시고 기도하시러 산에 오르셨습니다. 그런데 밤 사경, 즉 새벽 3시에서 6시 사이로서 사방은 온통 캄캄하고 바다에는 바람이 세서 물결로 인해 고난을 당하고 있을 때, 바다 위로 어떤 사람이 걸어서 오는 것을 보고 제자들은 유령이라고 생각하여 무서워 소리를 지르게 됩니다.

그때 예수님께서 그들을 안심시키시며, "내니 두려워 말라" 하시고, 베드로에게 물 위를 걷도록 해주셨습니다. 베드로가 예수님께로 가다가 바람을 보고 무서워 물에 빠지게 됩니다. 예수님께서 그를 건져주시며 "믿음이 적은 자여, 왜 의심하였느냐"며 책망하시곤 그와 함께 배에 오르게 됩니다.

우리는 이 사건에서 하나님의 뜻을 깨닫고 오직 예수님의 도우심으로만 살아야겠습니다.

1. 예수님만 앙망해야

예수님을 앙망한다는 뜻은 오직 예수님만 바라보고, 예수님만 의지한다는 뜻입니다. 바람이 불어 물결이 높이 일고 사방이 캄캄할 때 물위로 나타나신 예수님을 바라보며 "오라!" 하시는 말씀에 순종할 때의 베드로의 시선은 오직 예수님에게만 향하고 있었습니다. 그래서 그는 예수님의 말씀대로 배에서 내려 물 위로 걷게 된 것입니다.
우리가 오직 바라보고, 의지해야 할 분은 예수님 한 분밖에 없음을 알아야 합니다. 예수님만을 의지하여 기도하며, 예수님만을 더 가까이 해야 합니다. 어려운 일을 당할 때 더 힘들어지는 원인 가운데 하나는 그 문제를 해결하기 위해서 예수님을 멀리하고 다른 방법을 찾아 헤매기 때문입니다. 그럴수록 하나님을 더 가까이하고 기도하며 나아갈 때 우리 예수님께서 문제를 해결할 수 있는 길로 인도해주십니다.

2. 어려움을 당할 때 환경을 보지 말아야

물위를 걷던 베드로의 시야에 갑자기 심하게 부는 바람과 일렁이는 물결이 들어와 보게 되는 순간, 베드로는 물에 빠지게 되었습니다. 그가 예수님만 바라보며, 예수님의 말씀에 순종했을 때는 물위를 걸을 수가 있었습니다. 그러나 그의 시선이 예수님을 바라보지 않고 풍랑이 이는 환경을 보는 순간 그의 마음속에는 두려움이 생기게 되고, 물속에 빠지게 된 것입니다.
우리는 어려운 환난이나 고난을 당할 때, 절대로 그 환경에 집착하면 안 됩니다. 지금, 이 어려운 환경은 허상이고, 과정일 뿐이라는 생각을 하고 오직 전능하신 예수님만 바라보고 나아갈 때 물에 빠지지 않고 예수님과 함께 배에 오르게 됩니다.

3. 절대 의심하지 말아야

물에 빠져가는 베드로를 향해 즉시 손을 내밀어 건져내시는 예수님께서는 "믿음이 적은 자여 왜 의심하였느냐"며 책망하셨습니다. "의심하는 자는 요동하는 바다 물결 같으니 이런 사람은 무엇이든지 주께 얻기를 생각하지 말라"고 약 1:6-7에 말씀하셨습니다. 예수님만 바라보며 그 말씀대로 순종할 때는 무슨 일이 있어도 절대로 의심하지 말아야 합니다. 의심하는 자는 이미 믿음에서 떠난 자이기에 하나님의 응답을 받을 수가 없는 것입니다.

| 결론 |

이 고통에서 나를 건져내실 분은 오직 예수님 밖에 없음을 알고, 오직 예수님만 앙망하며 의지해야 합니다. 그리고 말씀대로 순종하며 우리 예수님께서는 전능하신 능력으로 나를 분명히 구해 주실 것이라는 확신으로 환경을 보지 말고, 오직 믿음으로만 달려가야 합니다.

우리는 예수님의 도우심으로 분명 구원받는다는 사실을 믿고, 끝까지 예수님만 앙망하는 여러분이 되시기를 축원합니다.

| 공동기도 |

1. 끝까지 오직 예수님만 앙망하며, 기도하고 의지하는 믿음의 사람이 되기 위하여 기도하자.

2. 절대로 환경을 바라보지 말고 절대로 의심하지 않는 성도가 되기 위하여 기도하자.

51과. 소수의 창조적 믿음의 사람이 되라

찬송_ 382장 (새 347장), 400장(새 358장)
본문_ 민 14:26-30

"그들에게 이르기를 여호와의 말씀에 내 삶을 두고 맹세하노라 너희 말이 내 귀에 들린 대로 내가 너희에게 행하리니."(민 14:28)

성경에 보면 하나님을 무시하고 다수결을 따라 주장하다 멸망당한 많은 사례가 있습니다. 가나안 땅을 정탐한 열두 명 중 여호수아와 갈렙을 제외한 열 명의 정탐꾼들은 가나안 땅의 거민들이 크고 장대하여 절대로 이길 수 없다고 보고하게 되고, 온 백성이 애굽으로 돌아가자고 선동합니다. 정탐꾼 열두 명 중에, 열 명이 이런 보고를 했으니 이것이 다수결의 원칙이라고 생각한 그들이 그 원칙대로 하자고 주장하게 된 것입니다. 그러나 이들은 광야에서 40년을 방황하다가 그곳에서 다 죽게 되고, 가나안 땅에 들어가지 못하였습니다.
하나님 안에서는 다수결을 따르다가 이렇게 멸망당할 수도 있음을 알고 소수의 의견이라도 창조적 믿음의 사람이 되어 결국 승리하는 사람이 되어야겠습니다.

1. 하나님의 말씀을 기준으로 사는 사람

하나님께서 이스라엘 백성을 구출하신 목적이 아브라함과 이삭과 야곱에게 맹세하신 대로 가나안 땅으로 인도하시기 위함이었습니다. 그래서 여러 차례 이것을 강조하시며 다짐하셨음에도 불구하고 열 명의 정탐꾼과 백성들 대부분은 이 약속의 말씀을 믿지 않았습니다. 가나안 땅을 정탐한 열두 명은 모두 똑같은 환경을 보고 돌아왔습니다. 그곳에 키가 크고 강한 네피림 후손 같은 민족이 살고 있는 것을 여호수아와 갈렙이 못 본 것이 아니었습니다.

그 두 사람은 그 곳의 환경보다 하나님께서 반드시 이 땅을 주신다고 하신 언약을 믿고 믿음으로 보고하였습니다. 여호와께서 우리를 기뻐하시면 여호와께서 우리를 그곳으로 인도해 들어가게 하시고 반드시 그 땅을 주실 것이라는 민 14:8의 하나님의 언약을 믿음으로 백성들을 향하여 여호와를 거역하지 말고, 그 땅 백성을 두려워 말라고 용기를 주게 된 것입니다.

바로 이런 사람이 창조적 믿음의 사람입니다. 어떤 일을 결정할 때 오직 하나님의 말씀을 믿고 그 말씀대로 행하고자 주장할 수 있는 사람은 하나님의 역사를 경험합니다.

2. 용기가 있는 사람

하나님은 하나님의 말씀대로 사는 사람들에게 절대로 두려워 말고, 놀라지 말라고 말씀하십니다. 그리고 강하고 담대하라고 하시며, 내가 너와 함께 한다고 하십니다. 하나님은 말씀이시기에 말씀과 함께 하시며 따라서 말씀에 순종하는 사람과 함께 하시며 그 말씀이 하나님이심을 반드시 보증해주시기에 말씀에 순종하는 믿음의 사람들에게 두려워 말고 강하고 담대하라고 합니다.

노아를 보십시오. 모든 사람들이 외면해도 끝까지 방주를 짓는 그 모습은 용기가 없으면 불가능한 일입니다. 본토 친척 아비 집을 떠나는 아브라함도 용기가 없으면 실행하기 어려운 일입니다. 요셉도 용기가 없으면 자신의 형들과 부모에게 자신이 꾼 꿈을 말할 수가 없는 일입니다. 본문의 여호수아와 갈렙도 용기가 없으면 절대로 그런 긍정적인 보고를 할 수 없을 것입니다. 그러나 결과가 어떻게 되었습니까? 용기 있게 하나님의 말씀대로 선포하고 순종한 믿음의 사람들이라 모두 승리하지 않았습니까? 바로 이런 사람이 창조적 믿음의 사람이요 하나님께서 기뻐하시는 사람인 것입니다.

| 결론 |

우리는 오직 하나님의 말씀을 기준으로 살아가는 창조적 믿음의 사람이 되어야 합니다. 오늘날, 크리스천들이 믿음의 유행에 민감한 나머지 많은 사람들이 좋아하는 길로 가고 있습니다. 철저한 주일성수와 십계명 준수 그리고 온전한 십일조 생활과 교회 중심의 삶 등이 세상 문화 속에 젖어들고 오히려 이런 것을 주장하는 사람들이 외로워지는 시대가 되었습니다.

그러나 우리는 절대로 다수가 그렇게 한다고 해서 따라가면 안 됩니다. 고독해도, 힘들어도 하나님의 말씀을 붙들고 강하고 담대하게 선포하며 나아가야 합니다. 지금, 하나님께서는 소수의 창조적 믿음의 사람들을 찾고 계십니다.

| 공동기도 |

1. 우리의 모든 삶의 기준을 하나님의 말씀을 따라 살아가는 창조적 믿음의 사람이 되기 위하여 기도하자.

2. 말씀 따라 살 때, 강하고 담대한 마음으로 선포하고 순종하는 용기 있는 창조적 믿음의 사람이 되기 위하여 기도하자.

52과. 하나님과 동행하는 자의 복

찬송_ 456장(새 430장), 446장(새 391장)
본문_ 창 5:21-24

"에녹은 육십오 세에 므두셀라를 낳았고 므두셀라를 낳은 후 삼백 년을 하나님과 동행하며 자녀들을 낳았으며 그는 삼백육십오 세를 살았더라 에녹이 하나님과 동행하더니 하나님이 그를 데려가시므로 세상에 있지 아니하였더라." (창 5:21-24)

하나님께서는 하나님의 말씀을 붙들고 사는 사람과 함께 하시면서 말씀 속에 살도록 은혜를 베풀어 주셨습니다. 하나님께서는 말씀을 지키는 사람과 동행해주십니다.

히 11:5에, "믿음으로 에녹은 죽음을 보지 않고 옮기웠으니 하나님이 저를 옮기심으로 다시 보이지 아니하니라."고 하시며 그는 옮기우기 전에 하나님을 기쁘시게 하는 자라 하는 증거를 받았다고 말씀하셨습니다. 하나님께서는 에녹이 하나님을 기쁘시게 하는 자라는 증거를 '동행' 이라는 단어로 표현하셨습니다.

동행이라는 단어는 히브리어로 '할라크' 라고 하는데, 그 뜻은 '걷다' 또는 '산책하다' 라는 의미입니다. 에녹이 하나님과 동행하는 자라는 뜻은 그가 항상 하나님과 산책을 하는 사람이었다는 뜻입니다. 우리는 오늘, 왜 동행이라는 산책이 하나님을 기쁘시게 하는 믿음인가를 잘 깨닫고, 우리도 에녹처럼 하나님께 칭찬받는 믿음의 사람이 되어야겠습니다.

1. 하나님은 우리와 함께 있으시기를 원하심

전에 미국의 디트로이트시에서 암전문의로 유명한 원종수 권사님의 간증을 들은 적이 있었습니다. 그가 환자가 많아져서 진료시간을 늘리기 위해 늘 하던 새벽기도를 중단하고 돈을 많이 벌어서 더 많은 곳에 선교를 하면 어떻겠냐고 하나님께 물었답니다.
그러자, 하나님께서는 "종수야, 나는 네가 돈을 많이 벌어서 선교를 많이 하는 것보다 이 새벽 시간에 너 만나는 것을 더 원한단다."라고 하시더라는 것이었습니다.
우리는 하나님 아버지께서 우리와 함께 하시기를 원하시고 많이 만나기 원하시고 또 많이 대화하기 원하시며, 하나님 아버지 당신을 사랑하여 늘 산책하듯이 동행하기를 원하심을 알고 하나님과 만남의 시간을 늘 가져야 합니다.

2. 하나님은 우리와 산책하시기를 원하심

산책은 좋은 사람 또는 사랑하는 사람과 함께 거닐며 대화하는 것을 말합니다. 하나님은 우리의 모든 삶을 하나님과 산책하며 하나님께 의논하며 대화하기를 원하십니다. 그리고 무슨 일을 하든지 내 맘대로 내 주관이나 내 계획대로 하기를 원하지 않으시고, 하나님께 물어보며 항상 하나님의 나라와 의를 먼저 구하는 대화를 원하십니다.
에녹이 다른 사람들처럼 자녀를 낳은 것은 똑같지만 성경은 에녹이 그냥 자녀를 낳은 것이 아니고 "하나님과 동행하며 자녀를 낳았으며"라고 구별된 말씀을 하셨습니다. 이것은 에녹이 자녀를 낳는 것도 하나님과 산책하며 하나님의 뜻대로 낳았음을 말하고 있으며, 항상 하나님 중심, 하나님 우선주의로 살았음을 말씀하고 있습니다.
우리도 이 세상을 살아가면서 크고 작은 일에도 꼭 하나님과 산책하며 물으며 하나님을 우선하고 하나님의 뜻대로 살아야 합니다.

| 결론 |

믿음의 사람 에녹이 죽음을 보지 않고 옮기어진 것은 그가 하나님과 늘 동행했기 때문이었습니다. 이것이 하나님을 기쁨시게 해 드리는 증거라고 하셨으니 우리도 이제 늘 하나님과 함께하는 성도가 되도록 노력해야 합니다. 하나님은 우리가 무슨 일을 하는 것보다 우리 자신을 원하십니다.

또한 늘 하나님과 산책하듯이 무슨 일을 하든지 하나님과 대화하며 하나님의 뜻을 구하고, 하나님의 일을 우선하는 성도가 되어야겠습니다. 그래서 우리 모두가 하나님을 기쁘시게 하는 믿음의 사람이 되시기를 축원합니다.

| 공동기도 |

1. 우리의 삶 속에서 하나님보다 일을 더 사랑하지는 않았는지를 생각하며, 이제부터 하나님을 더 사랑하는 성도가 되도록 기도하자.

2. 우리가 하나님과 늘 함께 산책하며 무슨 일을 하든지 하나님께 물으며, 하나님 우선의 삶을 살게 해 달라고 기도하자.

교회를 세워주는 공과설교

믿음있는 구역, 믿음있는 교회 52주

1판 인쇄일, 2017년 8월 20일
1판 발행일, 2017년 8월 25일

지은이_ 황규식
펴낸이_ 한치호
펴낸곳_ 종려가지
등 록_ 제311-2014000013호(2014. 3. 21)
주 소_ 서울특별시 은평구 은평로 14길 9-5
전 화_ 02. 359. 9657
디자인_ 표지 이순옥 / 본문 구본일
제작대행_ 세줄기획(02.2265.3749)

값 7,000 원

ISBN 979-11-87200-24-6 03230